LE

CANAL D'IRRIGATION

DU FOREZ

PAR

L. DE SAINT-PULGENT

ANCIEN PRÉFET,

ANCIEN MAIRE DE MONTBRISON, ANCIEN CONSEILLER GÉNÉRAL DE LA LOIRE, ETC.

OUVRAGE DÉDIÉ A LA SOCIÉTÉ D'AGRICULTURE DE MONTBRISON

PARIS
PAUL DUPONT, ÉDITEUR
Rue Jean-Jacques-Rousseau, 41

MONTBRISON
LAFOND, LIBRAIRE
Grande Rue.

1872

LE

CANAL D'IRRIGATION

DU FOREZ

Par L. de SAINT-PULGENT

ANCIEN PRÉFET, ANCIEN MAIRE DE MONTBRISON,

ANCIEN CONSEILLER GÉNÉRAL DE LA LOIRE, ETC.

Ouvrage dédié à la Société d'agriculture de Montbrison

PARIS, PAUL DUPONT. | MONTBRISON, LAFOND, LIBRAIRE.

TABLE DES MATIÈRES

ANNEXE

M. Graëff, ancien ingénieur en chef des ponts et chaussées dans la Loire, aujourd'hui inspecteur général, a publié dans les *Annales des ponts et chaussées,* numéro de février et mars 1871, un mémoire sur l'assainissement et l'irrigation de la plaine du Forez. J'ai lu ce travail avec un vif intérêt, et il est si plein de détails instructifs et précieux pour notre agriculture et notre administration locale, que j'ai cru rendre un véritable service à mes concitoyens en rendant compte des impressions que sa lecture a produites en moi. J'ai laissé de côté tout ce qui a rapport à l'assainissement, qui est un ensemble de travaux d'amélioration passive, si je puis me servir de cette expression, pour ne m'occuper que du canal d'irrigation auquel est réservé, dans ma pensée, un magnifique avenir.

Le canal du Forez est une œuvre colossale, tant au point de vue des travaux considérables exigés par son établissement, que sous le rapport du volume d'eau qu'il doit recevoir, et du nombre d'hectares qu'il doit arroser. On ne peut le comparer aux canaux du Piémont et de la Lombardie, qui sont, ceux-là, de véritables rivières, ayant leurs sources intarissables dans les cîmes neigeuses des versants méridionaux des Alpes. Mais si on le rapproche des canaux du midi de la France, on reconnait que par son débit *minimum*, il occupe le quatrième rang, et le troisième, si on compare le nombre minimum des hectares à irriguer.

Si la Loire avait un débit constant d'une part, si, d'autre part, le nombre de 8,000 hectares en vue duquel on a commencé le travail était exclusif de toute augmentation, le canal du Forez serait supérieur par les avantages qu'il offrirait, même à ceux de l'Italie. Par la qualité de ses eaux il les dépasserait de beaucoup, et se rapprocherait des dérivations du Nil.

Tout le monde sait comment notre climat nous expose à de longues et cruelles sècheresses. Je dis cruelles; car la nature de nos terrains nous les rend plus pénibles, et nous les fait redouter beaucoup plus que dans d'autres pays.

Dans les années 1870 et 1871, la couche arable n'était qu'un bloc de poussière, et l'argile du sous-sol était un véritable rocher. C'est pendant cette désastreuse période qu'on a pu apprécier surtout quel immense bienfait serait pour notre plaine le canal du Forez.

Or ce bienfait, on le doit à la société d'agriculture de Montbrison qui l'a demandé d'une manière incessante; aux propriétaires d'étangs qui n'ont pas hésité à sacrifier leurs intérêts pour obtenir cette faveur à leur pays; au regretté M. Thuilier qui l'a préparé en mettant en train les syndicats d'assainissement; à M. Graëff qui a créé le projet dans de si bonnes conditions, qu'il a subi, sans en être jamais ébranlé, tous les examens, toutes les épreuves et tous les contrôles ; à M. le préfet Sencier, qui en a assumé la responsabilité, en le présentant à l'assemblée départementale ; au conseil général de 1861 qui l'approuva et demanda la concession directe ; à tous les conseils généraux qui suivirent et fortifièrent par leurs votes la décision patriotique prise à la session de 1861 ; enfin, au gouvernement impérial, qui consacra le projet par le décret de 1863 et en rendit l'exécution pratique en allouant une subvention de 1,112,500 francs.

Mais au milieu de toutes ces volontés inspirées par le plus intelligent patriotisme, et convergeant toutes au même but, l'opinion publique a toujours distingué et remercié M. Graëff, cet ingénieur aussi savant que modeste, dont la mâle énergie de caractère a su résister à tous les obstacles, relever toutes les défaillances, et vaincre toutes les objections qui ne manquaient pas de s'accumuler devant la difficile étude de ce magnifique projet.

En lisant le mémoire si complet qu'il vient de publier et en le dégageant de toutes les formules scientifiques qui sont pour nous une véritable lettre morte, on se sent saisi d'une véritable passion pour ce grand travail. En dehors de l'intérêt qu'il m'offre comme propriétaire, je l'aime, comme homme, pour sa grandeur et les satisfactions qu'il offre à l'esprit ; je l'aime, comme Forezien, pour les immenses avantages qu'il doit donner à mon pays ; je l'aime, comme citoyen, parce qu'il fait honneur à l'intelligence humaine, à notre époque, à notre civilisation, et qu'il marque une étape glorieuse dans notre progrès agricole, industriel et économique.

C'est, en un mot, une immense carrière ouverte à l'étude de tous ceux que peut tenter la recherche d'un inconnu, combinée avec l'amour du sol natal. Car le dernier mot est loin d'être dit sur les avantages du canal.

La première personne qui m'ouvrit de riches horizons sur sa destinée, fut M. Francisque Balay. Il m'avait invité à aller voir ses travaux d'irrigation. Nous fîmes une course sur l'artère de l'Hôpital. Pendant cette visite, il me développa tout ce qu'une étude attentive et pratique de cette question lui avait découvert d'avenir et de richesse pour le Forez. J'en fus très-vivement frappé, et il m'engagea avec beaucoup d'insistance à me livrer moi-même à cette étude attrayante et à en publier le résultat.

Il lui semblait que si les propriétaires restaient si indifférents en apparence à cette question du canal, c'est qu'ils la considéraient comme complétement résolue, et n'avaient plus qu'à attendre, pour voir l'eau venir baigner leurs propriétés. Je compris toute l'importance qu'il y aurait à la rendre populaire, en expliquant son origine, ses détails, sa situation actuelle, son avenir.

C'est ce que je fais aujourd'hui ; heureux de déclarer que si l'initiative de cette publication émane de mon excellent ami, beaucoup des idées que je développe au cours de mon travail lui appartiennent également.

Ceux qui ne le connaissent que superficiellement,

ne peuvent s'imaginer quelle sûreté de jugement et quelle fécondité d'esprit se cachaient sous cette apparence modeste.

C'est pour moi une satisfaction de cœur, en même temps qu'un devoir pieux de payer à sa mémoire ce tribut de sympathique reconnaissance, car il a joué un rôle considérable dans les phases diverses qu'a parcourues le projet. Lorsque l'État exigea, pour lui donner suite, que le montant des souscriptions s'élevât à 4,000 hectares, on dut avoir recours à la bonne volonté de quelques propriétaires, et inviter leur patriotisme à garantir les 2,000 hectares qui manquaient. M. Balay contribua à cette garantie pour un chiffre de 983 hectares, lorsqu'il n'avait besoin pour toute sa propriété que de 100 hectares qu'il souscrivit en outre.

Du reste, il fut un des premiers à jouir des bienfaits du canal; et ce qu'il a fait à Sourieux mérite d'être étudié par tous les propriétaires qui veulent faire de l'irrigation sur une grande échelle.

Je dédie cet ouvrage à la Société d'agriculture de Montbrison, et je le place sous son bienveillant patronage. C'est un hommage que je lui dois. Voilà 25 ans que j'en fais partie; et j'ai toujours vu cette association, qui n'a jamais caché la modestie de ses goûts, préférant les services utiles rendus presque en silence à l'éclat d'une carrière quelquefois aussi vide que brillante, je l'ai toujours vue, dis-je, s'intéresser à toutes les questions de progrès agricole ou économique, et exercer sur leur solution une très-sérieuse influence. Cette influence a été remarquée surtout pour la suppression des étangs, l'organisation des syndicats d'assainissement et la création du canal. Son initiative a fait énormément pour le succès de ces grands projets. La Société était pour l'administration une sage conseillère, en même temps qu'une auxiliaire prudente et dévouée; elle fut toujours auprès d'elle pour les propriétaires une protectrice éclairée et chaleureuse de leurs intérêts. Son intervention a fait plus qu'on ne saurait croire pour aplanir bien des difficultés, calmer des amours-propres froissés, régler des malentendus, en même temps que son intelligence des intérêts locaux prenait énergiquement en main la production des idées nouvelles, et le patronage de tous les projets dont l'agriculture pouvait tirer quelque profit.

En lui dédiant ce travail, je reconnais les services qu'elle a rendus au pays; et si je n'ai pas mandat de mes concitoyens pour l'en remercier, je suis sûr d'être leur interprète fidèle, et d'avoir leur plus sincère assentiment.

Cet ouvrage sera divisé en cinq chapitres. Dans le premier, je rappellerai les circonstances qui ont précédé et provoqué la création du canal. Dans le deuxième, je dirai les phases diverses qu'a parcourues le projet jusqu'au décret qui l'a sanctionné définitivement. Sa description fera l'objet du troisième chapitre. Le quatrième sera consacré aux diverses améliorations qui peuvent être la conséquence de l'existence d'un canal dans notre plaine. Enfin dans le dernier, je donnerai quelques détails sur l'état actuel des travaux et la situation financière de l'entreprise.

I

Assainissement — Suppression d'étangs

Il est peu d'industries où les différentes questions qui se rattachent à leur développement et à leur prospérité soient liées par une solidarité aussi étroite qu'en agriculture. Engrais, amendements, composition du sol, climat, assolement, tout se tient d'une façon rigoureuse ; si bien que le cultivateur est obligé de tenir compte de toutes les conditions au milieu desquelles il vit, de peser un à un tous les incidents qui ne sont point le fait de sa volonté, de calculer en un mot toutes les chances d'une amélioration avant de l'entreprendre, s'il veut que les essais de progrès agricole ne se changent pas en cruelles et coûteuses déceptions. Les innovations, les plus fécondes en perspective, deviennent quelquefois des causes de désastres, si elles n'ont pas été suffisamment préparées par des travaux souvent considérables, et dont l'utilité ne se révèle pas malheureusement de prime abord aux yeux des hommes que leurs études n'ont point familiarisés avec les problèmes agronomiques.

Dans la catégorie de ces améliorations, dont le succès tient à de si exigeantes conditions, il faut placer en première ligne l'irrigation. Ses lois, ses résultats sont bien divers, suivant les circonstances. Ainsi, appliquée aux terrains insalubres, elle est détestable ; elle est plus détestable encore, si on n'a pas amené le facile écoulement des eaux à la sortie des parties irriguées, parce qu'alors elle crée l'insalubrité. Et l'agriculture, dans les pays malsains, est fatalement condamnée à rester stationnaire; car les bras lui feront perpétuellement défaut.

Ces considérations trouvent leur application partout, et surtout dans la plaine du Forez, où ont régné en souveraines, pendant les mois d'août et de septembre, de trop longues années, et où se montrent encore quelquefois les fièvres paludéennes. Si ont eût jeté sur cette plaine, sans préparation aucune, un canal d'irrigation qui eût amené de nouvelles eaux croupissantes, la force destructive de l'épidémie en eût été accrue dans des proportions impossibles à calculer.

Les observations qui précèdent m'amènent à examiner comment, et par suite de quelles circonstances le conseil général de 1861 a éte amené à doter le pays de ce magnifique canal, qui sera son éternelle gloire, comme il sera l'honneur des conseils généraux qui ont continué son œuvre.

Avant l'année 1856, il avait été plusieurs fois question d'assainissement et d'irrigation. Mais, jusqu'en 1846, ces deux améliorations ne paraissaient pas avoir, aux yeux des administrations départementales et du corps des ponts et chaussées, la connexité qu'on leur a reconnue depuis. Ainsi, de 1825 à 1847, des propositions ont été faites, des crédits ont été votés, soit en vue de l'assainissement de la plaine du Forez, soit pour les études d'un canal d'irrigation. Et même, en 1848, M. Lagrange étudia comme ingénieur ordinaire de l'arrondissement de Montbrison, sous les ordres de M. Boulangé, un projet qui devait suffire à l'irrigation de 16,000 hectares, et à la navigation ; mais jamais on ne parut comprendre que ces deux opérations fussent liées l'une à l'autre, et aucune suite ne fut donnée à ces études (1).

Ce ne fut qu'en 1847, que M. Boulangé émit l'idée qu'il fallait assainir avant d'irriguer, dans un rapport adressé au préfet, à la date du 6 avril.

La plaine du Forez se compose d'une série de plateaux confinés à l'est par la Loire, à l'ouest par la chaîne des Cévennes qui nous limite avec l'Auvergne. Ils sont séparés les uns des autres par des cours d'eau, dont les principaux sont la Mare, le Vizézy, le Lignon et l'Aix, qui coulent tous, de l'Ouest à l'Est. La configuration de ces plateaux comporte un très-grand nombre de points sur lesquels on remarque des dépressions de terrain, qui paraissent être des réservoirs naturels pour les eaux dont l'écoulement est très-difficile, et, dans tous les cas, très-lent. Or, l'écoulement de main d'homme, par quelque mode que ce soit, drainage, toison ou fossé à ciel ouvert, est le seul moyen de s'en débarrasser ; car le sous-sol est imperméable. Formé d'une

---

(1) M. Lagrange est aujourd'hui ingénieur en chef dans la Loire, où il continue l'œuvre de M. Graëff avec le même dévouement.

argile très-dense et très-épaisse, ou d'un machefer aussi dur et aussi compacte que le béton, sous une couche plus ou moins légère de terrain siliceux, ce sol offre aux eaux un asile qu'elles ne peuvent franchir par absorption. Ce sont même ces deux conditions de vallonnement et d'imperméabilité qui ont donné à nos ancêtres l'idée de créer ces grands réservoirs pour l'élevage du poisson, qu'on nomme étangs. L'étang d'ailleurs était d'une construction très-économique : la création d'un barrage en travers de la pente suffisait. Il était d'une culture peu dispendieuse ; pas d'autre dépense que la pêche.

Il n'exigeait pas l'emploi de bras nombreux. Il n'en fallait qu'au jour de la récolte, qui est une époque de morte saison. En outre, l'étang ne craignait ni la grêle, ni la gelée, ni en général les intempéries si funestes aux autres cultures. Enfin il portait avec lui, par le dépôt des eaux limoneuses, le fumier dont pouvaient avoir besoin les récoltes qu'on lui confiait aux périodes d'assec. Tous ces avantages réunis faisaient de l'étang une propriété aussi recherchée que précieuse, dans un pays surtout où la population était rare, et où les bras faisaient absolument défaut à l'agriculture. Il est encore vrai que, même aujourd'hui, malgré les progrès agricoles et les facilités que donnent l'importation des machines et l'accroissement de population, l'étang est une propriété à laquelle on tient et qui donne des revenus relativement élevés, parceque le poisson contribue pour une large part dans l'alimentation publique, et que sa valeur a profité de l'élévation de prix de toutes choses.

Malheureusement, dans les conditions où se trouvaient presque tous les étangs du Forez, il est une cause d'insalubrité ; et à ce titre, il devient un danger public.

Si on pouvait le remplir complétement, et s'il gardait, pendant toute l'année, ses eaux sans déperdition aucune, ces inconvénients ne se produiraient pas. Mais la surface inondée diminue d'une manière assez sensible, soit par l'évaporation, soit par les suintements que subissent toujours même les meilleures chaussées. Si ces chaussées existaient tout autour de l'étang, et avec une élévation calculée de façon à ce que les diminutions d'eau ne portassent que sur sa hauteur, et non sur son étendue, il n'y aurait pas d'inconvénient. Mais il n'en est pas ainsi. L'eau, en diminuant, laisse tous les jours à nu une certaine quantité de vase et des herbes, sur lesquels le soleil agit comme un élément décompositeur. Il s'en dégage des gaz malsains que le vent porte dans les villages et dans les fermes, où ils exercent sur les organes de la digestion la plus fâcheuse influence.

Les statistiques ont, à cet égard, des enseignements terribles, et je pourrais citer certaines années où les chaleurs des mois de juillet et d'août, combinées avec les pluies et l'évolage de certains étangs, créaient une épidémie si terrible, que femmes, vieillards, enfants et hommes valides, tous avaient la fièvre. On aurait dit alors qu'elle fût entrée dans les mœurs, et eût pris une place toute naturelle dans les évolutions du tempérament. Le cultivateur n'en allait pas moins aux champs. Il prenait la queue de sa charrue, jusqu'au moment où la fièvre le saisissait. S'enveloppant alors dans son manteau, il se couchait au milieu d'un sillon; et lorsque l'accès déclinait, il retournait à son instrument.

Je ne parle pas de la mortalité, si précoce dans ces tempéraments usés ou dégénérés, ni des émigrations si naturelles, et qui eussent été plus nombreuses encore, si un sentiment presque divin ne liait l'homme à la terre, qui sera toujours l'*alma parens*, quelles que soient son ingratitude ou même sa cruelle sévérité : c'était pitié!

Et comme les propriétaires, qui étaient les hommes influents du pays, allaient, par habitude, consommer au loin le produit de leurs étangs, abandonnant la plaine au moment des fièvres, avec toute leur famille, ils ne souffraient point assez du mal ou n'en étaient pas suffisamment émus pour demander avec quelque énergie qu'on y portât un remède efficace. D'autre part, les cultivateurs s'habituaient à ce long bail avec la maladie. La fièvre s'asseyait à chaque foyer, comme le soldat ennemi qu'on subit en temps de guerre; et personne ne se plaignait, ou ne portait ses doléances là où elles auraient eu chance d'être accueillies (1).

---

(1) C'est ce qui explique comment une pareille situation a pu se maintenir, aller toujours en s'aggravant pendant des années et même pendant des siècles, sans que l'on ait cherché sérieusement à y porter remède. Il était réservé au gouvernement précédent d'avoir l'honneur et le mérite de mettre le premier la main à cette œuvre si populaire d'hygiène locale et d'amélioration agricole, et d'en assurer le succès, non-seulement dans la Loire, mais encore dans d'autres départements, en la complétant par l'irrigation, les routes et chemins de fer agricoles, etc., etc.

Le transfert de la préfecture à Saint-Etienne, qui fut pour Montbrison un deuil si cruel, n'a peut-être pas été étranger aux grands travaux qui vont transformer notre Forez. Lorsque je vis l'Empereur pour solliciter de sa justice des compensations à cet acte de cruelle spolia-

Construire un canal d'irrigation dans de semblables conditions, c'eût été doubler, tripler même le mal. Les eaux de la Loire auraient, dans chaque pré ou terre irriguée privée de moyens d'écoulement, créé comme un nouvel étang et déposé de nouveaux germes de maladie. Dans tous les cas, à quoi bon dévolopper la culture dans un pays où la fièvre tue, empoisonne et éloigne les cultivaeurs?

Il était donc logique de s'occuper d'abord de l'assainissement.

Or, l'assainissement comporte deux choses : création de moyens faciles d'écoulement pour toutes les eaux, et suppression des étangs.

Quelle est celle des deux opérations qui devait précéder l'autre?

M. Ponsard, préfet de la Loire, pensa que ce devait être la suppression des étangs; c'était plus radical : cela paraissait plus logique. Et sous le couvert de la loi de 1792, il prit, le 4 juillet 1854, un arrêté par lequel il supprima tout d'un coup trois cent trente et un étangs.

La loi des 11-19 septembre 1792 est une loi d'exception qui donne au gouvernement et à l'administration un pouvoir discrétionnaire pour prononcer la suppression des étangs qu'une enquête aura fait reconnaître insalubres. Mais elle a un caractère révolutionnaire, en ce qu'elle n'attribue au propriétaire aucune indemnité pour la propriété dont il est évincé. Il faut bien le reconnaître cependant, l'étang est une propriété distincte, et non pas seulement un mode de jouissance de la terre. C'est tellement une propriété que, dans un très-grand nombre de cas, l'*évolage*, c'est-à-dire la culture en eau appartient à un propriétaire, et l'*assec* à un autre. Cette propriété est, comme les autres, susceptible d'être divisée. Ainsi, l'*évolage* est quelquefois partagé entre plusieurs propriétaires, qui en possèdent chacun une ou plusieurs parts ou *pies*. Enfin elle contribue à toutes les charges et avantages de la propriété foncière, paye l'impôt, par

---

tion, il me fit observer que la prospérité de Montbrison étant liée à celle de l'agriculture locale (ce qui est parfaitement exact), il donnait des ordres pour que des études en vue d'importantes transformations fussent faites immédiatement. En effet, dès que M. Thuilier eut pris possession de la préfecture de la Loire, et M. Graëff du service des ponts et chaussées, c'est-à-dire deux mois après l'entretien de Saint-Cloud, des pourparlers avaient lieu avec les propriétaires d'étangs.

exemple, et peut être frappée d'hypothèques. A ces divers signes, on reconnaît bien la vraie propriété foncière, et non plus seulement au mode de jouissance du sol.

C'est parce que l'étang a ce caractère, que la loi de 1792 a toujours été considérée comme trop révolutionnaire, puisqu'elle supprime d'emblée, avec la sanction de moyens coërcitifs, une propriété sans l'indemnité préalable, qui est aujourd'hui la condition essentielle de toutes les expropriations pour cause d'utilité publique. Aussi, tout en étant conservée à cause des services qu'elle peut rendre, et son abrogation n'ayant pas été reconnue par les grands corps de l'État, elle n'est pas vue avec grande faveur, et n'a été invoquée que dans un nombre de cas très-restreint. Les gouvernements ont toujours évité de provoquer, en l'appliquant, de légitimes mécontentements; et il en a adouci la rigueur par l'adoption de mesures protectrices ou de compensations réclamées par les administrations locales.

M. Ponsard eut peut-être le tort, dans son désir de commencer de suite une œuvre d'assainissement qui était dans les vœux du pays tout entier, de ne pas étudier si on ne pourrait pas arriver au même résultat par une mesure moins rigoureuse, en allouant, par exemple, comme cela a été fait en Dombes (Ain) et dans la Double (Dordogne) une prime qui pouvait aller jusqu'à 250 francs par hectare. M. Boulangé, dont le nom est resté entouré de l'estime publique, aurait dû le lui proposer. Et toute mesure protectrice ou de conciliation, j'en suis convaincu, aurait disposé les propriétaires à se mettre d'accord avec l'administration pour la suppression de leurs étangs.

Au lieu de ces bonnes dispositions, le préfet ne trouva que des hommes justement irrités de l'application rigoureuse d'une loi draconnienne, et froissés de la raideur avec laquelle leurs réclamations avaient été évincées. Ils signèrent alors un pourvoi au Conseil d'Etat contre l'arrêté du 4 juillet 1854, pourvoi parfaitement justifié, comme l'a établi l'arrêt intervenu ultérieurement.

C'est dans ces circonstances qu'eut lieu l'entretien avec l'Empereur, dont je parle à la page précédente, et que M. Thuillier fut nommé à la préfecture de la Loire.

Le nouveau préfet comprit de suite que la question était mal engagée, et qu'il fallait arriver à la solution par un accord amiable avec les propriétaires.

Dans les premiers jours de l'année 1856, il les réunit à Montbrison dans une conférence, où tous les points se rattachant à l'assainissement de la plaine du Forez, furent discutés avec le plus grand calme et de la manière la plus approfondie. Tout le monde d'ailleurs y apporta les dispositions les plus conciliantes et les plus désintéressées : on voulait en finir.

A la sortie de cette séance, l'accord était fait. Il était convenu qu'on allait organiser des syndicats d'assainissement dans la plaine; que la dépense des travaux de curage et de création de fossés maitraux serait supportée, pour moitié, par l'État et par le département; qu'en compensation de cet avantage fait aux propriétaires, les étangs traversés seraient détruits sans indemnité (ils devaient presque tous servir de passage à des voies d'écoulement, étant placés dans les thalwegs). Enfin le préfet promit qu'un canal d''irrigation serait étudié pour être exécuté dès que les travaux d'assainissement seraient achevés. Une convention dans ce sens fut signée avec les propriétaires le 24 juin 1856, et une commission composée des principaux d'entre eux fut nommée pour donner son avis au préfet sur toutes les questions se rattachant aux études de syndicats, de suppression d'étangs ou d'assainissement.

Je demande pardon des détails qui précèdent; ils seront peut-être trouvés un peu longs : mais ils étaient nécessaires, afin que l'on pût bien se rendre compte des circonstances qui ont amené la construction du canal. C'est au dévouement et au patriotisme des propriétaires qu'on le doit en grande partie. Sans doute ils sont appelés à en profiter dans une large mesure. Mais ceux-là aussi, qui n'ont pas à supporter la charge de perdre une culture très-productive, jouissent de tous les avantages du canal.

Si les propriétaires d'étangs, moins touchés de l'intérêt général, et plus préoccupés de leurs intérêts privés, eussent demandé qu'on fît pour eux ce qui a été fait en Dombes, qu'on leur attribuât des primes, qu'on fît des chemins agricoles, toutes choses dont ils auraient profité directement et immédiatement, certainement ils auraient obtenu gain de cause dans une très-large mesure; car le gouvernement voulait assainir, mais à aucun prix, ne voulait appliquer la loi de 1792, à titre de mesure générale. Au lieu de cela, ils ont accepté la création de syndicats, dont ils bénéficieront, je le veux bien, mais qui leur imposeront aussi des dépenses considérables.

En admettant que leurs intérêts se soient laissé quelque peu entraîner par le patriotisme, il faut leur en savoir gré.

L'histoire leur en tiendra compte et leur rendra justice, car c'est à leur désintéressement que nous devons les importantes améliorations dont nous sommes les heureux témoins.

La manière dont on procède aujourd'hui est la plus logique. On assainit, c'est-à-dire on cure tous les cours d'eau, et on facilite leur écoulement; on en crée dans tous les thalwegs, de telle façon qu'aucune humidité ne restera au-dessus ni au dedans du sol d'un propriétaire soigneux. De cette façon, beaucoup d'étangs seront naturellement supprimés. Et l'irrigation ne pourra plus créer ces croupissements si malsains pour la santé publique et pour la qualité des fourrages.

Le travail d'assainissement est terminé dans le syndicat de la Mare. Il offre un spectable très-curieux à étudier pour l'observateur attentif que touchent toutes les questions qui se rattachent à l'hygiène rurale et au progrès agricole.

II

Procédure administrative — Rapports de l'Ingénieur en chef — Votes du Conseil général — Décret de concession

J'ai parcouru avec un très-vif intérêt le traité des irrigations de M. Nadault de Buffon ; et j'en donnerais avec plaisir des extraits ou analyses, si je ne voulais maintenir mon travail dans les limites d'une simple notice sur le canal de Forez. Je recommande d'une manière toute particulière son *Introduction* ou *Discours préliminaire* à ceux qui désireraient avoir des notions précises sur l'histoire et les progrès de l'irrigation. J'aurai quelquefois occasion de faire appel aux impressions ou souvenirs que cette lecture a laissés dans mon esprit.

Il en est deux que je dois consigner tout d'abord, et qui se rapportent l'un aux zones dans lesquelles l'irrigation peut se faire avec le plus de profit, l'autre à l'influence qu'elle exerce sur la végétation. Ces deux renseignements trouvent naturellement leur place en tête d'une étude sur le canal du Forez.

L'humidité naturelle et moyenne de l'atmosphère, entretenue par la fréquence des pluies, augmente de plus en plus à mesure qu'on se rapproche du nord. On rencontre là ce qu'on a appelé avec raison des climats équilibrés. Dans ces contrées, l'irrigation pratiquée en grand serait aussi coûteuse à établir que partout ailleurs, et ne donnerait que rarement des résultats capables de dédommager des frais qu'elle aurait occasionnés, sans parler des cas où des étés presque constamment pluvieux devraient faire renoncer totalement à son emploi.

Dans les régions intertropicales, on rencontre un degré élevé de température qui cesse de convenir aux cultures irrigables, notamment aux prairies ; car dans ces contrées, chaleur, sécheresse et humidité, tout y est extrême. Les terres privées d'eau sont des déserts arides et brûlants : les terres humides le sont ordinairement à l'excès, et les prairies dégénèrent en savanes.

Il résulte de là qu'il existe une région ou zone à laquelle l'irrigation est particulièrement favorable par le maintien d'une température douce et par l'absence habituelle des pluies estivales. Or, dans notre hémisphère, cette zone se trouve située entre le 47e et 25e degré de latitude, et comprend, dans sa partie supérieure, le centre de la France.

Il en résulte que notre Forez se trouve dans de très-bonnes conditions, sinon dans les meilleures pour la pratique de l'irrigation.

Le second souvenir est relatif à l'action de l'eau sur la végétation des prairies. Tout en la stimulant dans des proportions considérables, elle fatigue et appauvrit le sol qui a besoin d'être réparé en conséquence. C'est ce que l'on fait d'une manière artificielle par l'étendage du fumier ou des terreaux ; opération nécessaire lorsque l'irrigation s'opère au moyen d'eaux claires ou dépouillées de substances fertilisantes. Mais lorsque les eaux sont troubles ou entraînent avec elles des substances fécondantes, elles fournissent naturellement au sol, en sus de ce que consomme immédiatement la végétation, un excédant de sucs nourriciers. C'est le dépôt successif de ces substances sous forme de limons fertilisants, qui constitue ce qu'on appelle le colmatage.

Il n'est pas d'écolier qui ne sache que les eaux du Nil sont précieuses surtout parce qu'elles satisfont à ce double besoin d'une irrigation bien entendue. Les Égyptiens s'en servaient pour colmater leurs terres plus encore que pour irriguer au moyen de digues transversales ; ils pratiquaient une submersion qui durait à peu près trois mois. Il n'y avait plus ensuite qu'à retourner légèrement la terre, et à la semer immédiatement sans engrais ni préparation ; et on obtenait ainsi toujours trois récoltes au moins par an.

Ce que faisait le Nil, la Loire le fait aussi dans une certaine mesure. Les terrains situés sur son parcours, dans la plaine du Forez, et dans la limite de ce qu'on appelle le champ d'inondation, ne sont autre chose qu'un produit des limons déposés par les crues extraordinaires du fleuve et ont une fertilité exceptionnelle ; c'est pour cela qu'on les appelle *chambons* (*campi boni*).

Peu de rivières en France, aucune peut-être, n'apportent au sol qu'elles inondent une pareille bonne fortune, due à deux causes principales : à la bonne qualité des terrains traversés par la Loire depuis sa source, et entraînés dans son lit par les eaux pluviales, ensuite à la digue de Pinay, qui, en opposant une barrière à l'écoulement des crues extraordinaires, opère une inondation artificielle des champs situés en amont. De là un repos forcé des eaux dont les matières tenues en suspens tombent naturellement et se fixent sur le sol.

Les prairies irriguées dans la plaine du Forez profiteront, elles aussi, de ce bénéfice des inondations. Il se fera, au pied des plantes, un colmatage qui remplacera le fumier qu'on est obligé de mettre aujourd'hui. Car le Vizézy, la Mare, le Lignon et le Bonson, qui sont les seules rivières auxquelles on puise pour irriguer, ont leurs eaux habituellement claires. Et, quand elles sont troubles, loin de charrier un limon fécondant, elles ne traînent, en général, que du sable et des cailloux.

Cette circonstance donne un prix tout particulier au canal du Forez.

Je ne veux pas terminer ces considérations préliminaires, sans énoncer un fait qui permet d'assurer à la nouvelle entreprise un succès qui serait peut-être plus problématique dans d'autres contrées : c'est que la propriété n'est pas encore bien divisée dans notre plaine, et l'on ne doit pas perdre de vue que l'extrême division des héritages est une entrave sérieuse à la réussite d'un grand travail d'irrigation.

J'ai cru utile de faire précéder l'histoire de notre Canal de ces quelques observations, qui ne seront pas sans utilité pour en apprécier l'importance.

L'assainissement étant entré dans la voie pratique d'exécution par le décret du 7 décembre 1859, qui organisait le syndicat de la Mare, M. Sencier, préfet de la Loire, demanda, en 1860, à M. Graëff, un rapport sur la question d'irrigation. Ce rapport fut présenté le 26 août.

Ce travail traitait, tout à la fois, de l'irrigation de la rive droite et de la rive gauche de la Loire. L'ingénieur en chef proposait, pour la rive gauche, la création de trois canaux.

1° Le premier prendrait ses eaux dans la Loire et les conduirait jusqu'au Lignon. Son parcours dominerait 26,000 hectares, dont 10,000 pourraient être irrigués ;

2° Le second partirait du Lignon, et distribuerait dans la plaine de Sainte-Foy-Saint-Sulpice 28 millions de mètres cubes d'eau emmagasinés dans un grand réservoir. On pourrait avec ce volume irriguer 5,400 hectares;

3° Enfin, pour achever l'irrigation de la rive gauche, on pourrait dériver une rigole de la rivière d'Aix qui descend des montagnes de Saint-Just en chevalet et se dirige sur la Loire par Saint-Germain-Laval et Pommiers.

Pour la rive droite, il proposait d'emmagasiner dans la Coise un cube annuel de 48 millions de mètres qui dépasserait de beaucoup les besoins. Car avec cette quantité on irriguerait 9,000 hectares : or, la surface irrigable d'une manière pratique n'est que de 6,000 hectares.

Pour établir les surfaces à irriguer, M. Graëff part de cette règle admise en agriculture, que dans un bon aménagement, il faut mettre en prés au moins le tiers de la propriété, et au plus la moitié. Dans ces conditions l'irrigation sur la rive gauche de la Loire devrait s'étendre à 15,600 hectares pour les trois canaux. La dépense s'élevait, d'après les devis d'un avant-projet sommaire, à 6,340,000 francs.

Pour la rive droite, la surface a irriguer était calculée à 6,000 hectares et la dépense à 2,350,000 francs.

Le rapport se termine par le calcul fort intéressant de la plus-value qui résulterait, pour la plaine du Forez, de l'assainissement et de l'irrigation combinés ensemble. Il prend pour point de départ les deux données suivantes :

1° Tout hectare irrigué acquiert une plus-value de 1,000 francs;

2° Tout hectare assaini en acquiert une de 500 francs. (Avis de la Société d'agriculture de Montbrison, non contredit par les enquêtes.)

En appliquant ces chiffres aux 45,411 hectares de la rive gauche et aux 18,099 hectares de la rive droite qui doivent profiter de l'assainissement ; aux 15,600 hectares de la rive gauche et aux 6,000 hectares de la rive droite qui profiteront de l'irrigation, on obtient une plus-value totale de 40,029,700 . . . . 40,029,700 fr.

Les dépenses résultant des projets doivent être, pour la rive gauche :		
Assainissement	897,000 fr.	
Irrigation	6,340,000	
Pour la rive droite :		
Assainissement	953,000	
Irrigation	2,350,000	
Total	10,540,000	10,540,000
Différence		39,489,700 fr.

Ce dernier chiffre représente la plus-value générale, qui serait à peu près *du quadruple de la somme dépensée.*

Tel est le résumé de cet important rapport qui fut présenté au conseil général dans sa session de 1860. Cette assemblée décida, le 28 août, qu'il serait inséré au registre de ses procès-verbaux et que M. l'Ingénieur en chef ferait immédiatement une étude définitive du canal de la Loire au Lignon.

« L'excursion que le président du conseil général, M. le « duc de Persigny, fit dans l'arrondissement de Montbrison « à la suite de cette session, dit M. Graëff, fit d'ailleurs faire « le pas le plus décisif à la question du canal d'irrigation.

« L'esprit élevé de M. de Persigny vit tout ce qu'on pou- « vait tirer d'utile pour son pays de cette question vouée « depuis si longues années à de stériles études. Et en la « prenant sous son puissant patronage, il la fit sortir de la « voie spéculative pour la pousser avec énergie dans la voie « pratique de l'exécution. C'est pendant cette excursion de « M. le duc de Persigny que fut émise pour la première fois, « par quelques-uns des membres du conseil général, l'idée « de faire exécuter directement le Canal par le département « avec le concours de l'Etat, et qu'on lui donna le nom de « canal du Forez. »

Cette étude d'avant-projet, le rapport de M. l'ingénieur en chef et la décision du conseil général constituent les préliminaires de la grande œuvre d'irrigation. Avant d'aborder la période définitive ou d'exécution, je dois, pour compléter cette étude, dire un mot des canaux du Lignon et de la Coise, dont il ne sera plus question.

Tout le monde se rappelle qu'à la suite des grandes inondations de 1856, l'Empereur ordonna au ministre des travaux publics d'étudier un système de digues transversales qui, appliquées aux fleuves et rivières dont les crues occasionnent les plus grands dommages, pourraient remplir à leur égard la fonction modératrice de la digue de Pinay. Des instructions furent données en ce sens aux services départementaux des ponts et chaussées. Et c'est pour se conformer à ces instructions, que l'établissement de deux grands réservoirs avait été étudié sur la Coise et sur le Lignon. M. Graëff pensait qu'ils pouvaient être utilisés l'un et l'autre pour le service des irrigations. C'était une très-ingénieuse combinaison : retenir les eaux qui peuvent nuire par leur excessive abondance, pour les utiliser quand elles font défaut, faire profiter l'amélioration à réaliser, des dépenses imposées par le mal à éviter, c'était tout à la fois intelligent et d'une sage économie. Malheureusement, l'Etat renonça plus tard à cette idée de travaux préventifs contre les inondations, et un pareil abandon renversait, pour les canaux à dériver de la Coise et du Lignon, les proportions dans les contributions respectives de l'Etat, du département et des propriétaires. C'est-à-dire que l'Etat, ne faisant plus le travail comme œuvre d'utilité générale, ne contribuerait plus que pour un quart dans la construction des réservoirs d'alimentation; tandis que, dans l'autre hypothèse, c'étaient le département et les propriétaires qui ne fournissaient qu'un quart. Une différence aussi sensible dans une dépense de 2,800,000 francs et de 3 millions de francs rendait dès lors très-difficile et ajournerait l'exécution des canaux d'irrigation dérivés de la Coise et du Lignon.

Revenons au canal de la Loire.

Entre la session de 1860 et celle de 1861, un avant-projet complet fut soumis à l'administration supérieure, et approuvé par elle le 21 août 1861 ; puis il fut présenté au Conseil général qui le sanctionna par une délibération du 28 août. Le Conseil décida en même temps qu'il demanderait la concession directe du canal, et se chargerait de son exécution et de son exploitation.

Cette décision est fort importante et joue un rôle capital dans le développement de notre richesse agricole. Le pays ne peut que vouer et conserver une reconnaissance sans bornes aux hommes intelligents qui comprirent que ce canal ouvrait un avenir immense à notre plaine du Forez, et que les sacrifices, consentis actuellement, étaient simplement une avance de ressources qui ne devaient pas tarder à rentrer dans la caisse du département avec des avantages assurés et considérables. S'ils n'avaient point pris cette décision hardie, le projet serait resté dans les cartons ; car les entreprises agricoles ne tentent les capitaux de la spéculation que lorsque des expériences déjà faites prouvent qu'ils n'ont rien à risquer. Je dois ajouter, afin d'être juste pour tous, que cette bonne volonté du Conseil général de 1861 s'est maintenue jusqu'à aujourd'hui; et tout nous autorise à espérer de nos représentants actuels, qu'ils continueront avec le même patriotisme l'œuvre si utilement menée à bien par leurs devanciers.

L'exécution directe par le département a rencontré des contradicteurs dont la parole autorisée eût pu exercer une influence fâcheuse sur l'achèvement du canal. Toutefois les objections présentées par eux nous ont paru s'inspirer davantage d'un patriotisme local trop étroitement apprécié, que des véritables intérêts généraux du pays et même de la situation financière du département.

En admettant que l'arrondissement de Montbrison profite seul de ce canal, ce qui n'est point exact, puisqu'il doit contribuer à faciliter l'alimentation colossale de celui de Saint-Etienne, c'est déjà une entreprise de nature à tenter des cœurs généreux, que celle qui augmente la valeur de la propriété foncière d'une trentaine de millions dans un périmètre relativement restreint du département. Et notons en passant que cette amélioration profitera à nos caisses publiques par l'élévation de l'impôt, et l'augmentation proportionnelle des centimes additionnels qui sont toute la richesse du département. Chacun, d'ailleurs, aura son tour dans cette répartition des faveurs de notre Conseil général. Après l'arrondissement de Montbrison, viendront ceux de Roanne et de Saint-Etienne. Nous avons eu la bonne fortune d'être pourvus les premiers. Nous le devons, hélas ! à un triste privilége, celui d'être les plus pauvres, et d'avoir été frappés cruellement dans notre pauvreté par le déplacement de la préfecture.

On a dit encore que, puisqu'il s'agissait d'un travail intéressant directement les propriétaires, ceux-ci pouvaient bien se syndiqner, s'ils ne réussaient pas à former une compagnie. En théorie, c'est vrai : en pratique, c'est impossible. Avec notre législation actuelle, il faut l'accord de *tous* les propriétaires intéressés pour constituer un syndicat d'irrigation. Et c'est le seul cas où cette unanimité soit exigée. En Belgique, le propriétaire récalcitrant à l'irrigation peut être exproprié, comme en France celui qui se refuse au reboisement. Tant que cette coercition ne sera pas appliquée en matière d'irrigation, on ne pourra jamais réussir à organiser des syndicats quelque peu importants. Pendant le cours de mon administration préfectorale, je les ai toujours vus échouer devant la mauvaise volonté ou l'indifférence de quelques-uns. Là où une compagnie fait défaut, il n'y a que l'Etat ou le département qui puisse réaliser une entreprise de cette nature.

Au reste, les propriétaires ne se désintéressèrent pas complétement : et plusieurs firent preuve d'un véritable patriotisme, en souscrivant des abonnements pour un nombre d'hectares qui n'était point en proportion avec l'étendue de leurs propriétés. L'administration exigeait, avec juste raison, comme première garantie des sacrifices qu'allait faire l'État et le département, un minimum de souscriptions de

4,000 hectares. On n'en avait recueilli que 1,800 à peine, et l'affaire eût pu encore être ajournée, si quatorze propriétaires ne fussent venus garantir personnellement la souscription aux 2,233 hectares manquant.

Cette garantie, ajoutée aux souscriptions recueillies, constituait au département une rente assurée de 140,000 francs, soit l'intérêt à 4 0/0 des sommes qu'il allait dépenser. Au reste, on supposait alors, et tout le monde a reconnu depuis qu'il ne courait aucune chance de perte.

Après le vote du conseil général, l'affaire marcha assez promptement, et sans se heurter à de trop grandes difficultés.

Une décision ministérielle du 19 mai 1862, indiquant les bases d'un règlement d'administration publique, portait en principe que la contribution de l'Etat s'élèverait au quart de la dépense totale, soit à 1,112,500 francs.

Le 20 mai 1863, un décret impérial concédait à perpétuité le canal du Forez au département de la Loire, et fixait à 40 francs le prix de l'abonnement par hectare, abaissant ce prix à 35 francs pour les souscripteurs de la première année. La subvention de l'État reste fixée à 1,112,500 francs.

Enfin le projet définitif, montant à la somme de 4,450,000 francs, a été présenté le 30 octobre 1863 et approuvé le 1er mars 1864.

L'affaire avait ainsi franchi très-heureusement la période d'incubation et d'instruction administrative, grâce à l'intelligente initiative de M. Sencier, et aux remarquables travaux préparatoires de M. Graëff. Le patriotisme du Conseil général avait ouvert les voies à une réalisation immédiate. Les bonnes dispositions du gouvernement pour les travaux agricoles avaient versé des caisses de l'État dans celles du département une importante subvention qui allait permettre d'exécuter la partie la plus ingrate des travaux. Tout est donc prêt pour mettre la main à l'œuvre, et plus rien ne s'oppose à ce que la Loire, par une large dérivation, vienne visiter et féconder notre plaine du Forez.

Nous devons nous estimer très-heureux de ce succès; car nous inaugurons ainsi un progrès agricole sur lequel la France est très-inférieure à d'autres pays : nous n'avons jamais fait que suivre, et de loin encore, les exemples qui nous ont été donnés. Les premiers canaux ont été construits, dans le Midi, par les Sarrasins, qui ont toujours été un peuple très-intelligent en agriculture, et auxquels certaines parties de l'Europe, l'Espagne notamment et nos provinces pyrénéennes ont dû leur richesse et leur prospérité agricoles. Les Croisades ne furent pas étrangères à cet art de fertiliser les terres en les arrosant, en amenant un immense concours de populations vers ces contrées de l'Orient, où l'irrigation avait pris naissance.

Enfin nos longues guerres en Italie, sous les Valois, permirent aux Français de voir tout le parti que les Italiens tiraient de leurs cours d'eau pour arroser leurs terres et décupler le produit de leurs cultures. Malgré ces exemples frappants, nous sommes encore très-inférieurs à l'Italie; car dans le midi de la France, nous n'avons que 100,000 hectares soumis à l'irrigation; tandis que dans le midi du Piémont et de la Lombardie, ce nombre s'élève jusqu'à 430,000.

Puisse notre exemple être suivi ailleurs! Mais on voit malheureusement tant d'essais de ce genre avorter, tant de projets rester dans les cartons, que rien ne doit être négligé pour mettre en honneur l'irrigation, et faire comprendre qu'elle est un profit exceptionnel pour le sol, en même temps qu'elle peut être une source de bénéfices pour les capitaux.

Dans deux des départements que j'ai administrés, des projets de canaux d'irrigation ont été étudiés et n'ont pas abouti. Dans l'Ain, pendant mon séjour, on avait commencé les études d'une dérivation de la rivière d'Ain, près le port Galland, pour convertir en prairies de très-bons terrains d'alluvion d'une surface de 5 ou 600 hectares. Il s'agissait d'une dépense de 230,000 francs réduite par la subvention probable de l'Etat à 154,000 francs. L'amélioration à réaliser était considérable, puisqu'on devait produire des engrais pour améliorer une plaine de 4,000 hectares à peu près infertile par la mauvaise qualité de son sol. M. l'ingénieur ordinaire de Mas, sous la direction de M. l'ingénieur en chef Beaudart, a fait un excellent travail. Il y aurait là, à mon avis, une excellente opération : mais elle subit cette fatalité qui s'attache en France à toutes les spéculations agricoles.

J'en dirai autant d'un projet, étudié en Périgord sous la direction de M. Gonnaud par M. Fargaudie, aujourd'hui ingénieur en chef du département, d'une dérivation de la Dordogne, près de Lalinde, pour arroser les riches plaines de Bergerac. Rien n'est fait ni ne paraît devoir se faire. C'est pour avoir vu, d'une part, les insuccès de deux projets qui me paraissaient très-bons, et d'autre part la réussite dans notre département d'une entreprise de même nature, que je me suis décidé à écrire ce travail sur notre canal de Forez, pour le faire connaître, autant qu'il dépendra de moi, et lui susciter des imitateurs.

Je vais, dans le chapitre suivant; expliquer son mécanisme, décrire son cours, jauger son débit, indiquer la quantité d'eau dont il peut disposer, celle qu'il distribue à chaque propriétaire par hectare de terrain, et enfin faire connaître les dispositions principales du décret de 1863.

III

Description du Canal — Son débit — Volume d'eau délivrée aux abonnés

Sur les premiers contreforts des montagnes qui séparent le Forez du Velay, à huit hilomètres à peu près de Saint-Rumbert, est placé le village de Chambles. Indépendamment des souvenirs attachés à Notre-Dame de Grâce et aux Camaldules qui peuvent y attirer le savant et l'archéologue, il y a pour tous ceux qui aiment la belle nature, une situation des plus pittoresques. Du plateau sur lequel se trouvent construites l'église, l'ancienne tour et la cure, on jouit d'un panorama splendide. La vue s'étend jusqu'au Mézin; et le regard, en se rapprochant, admire les méandres capricieux de la Loire, dans cette étroite vallée, que dominent de très-hautes montagnes.

Perpendiculairement au-dessous de Chambles, est le moulin Johannade, sur lequel on descend à pic. C'est là qu'est la prise d'eau du canal du Forez. Elle est établie provisoirement aujourd'hui au moyen d'un enrochement. Mais, lorsque le Canal sera achevé, et qu'on voudra prendre toute l'eau dont on peut disposer, on construira, à travers le lit du fleuve et d'une rive à l'autre, une digue en pierre de taille.

Cette digue détourne les eaux de leur cours naturel, et doit les faire passer toutes, lorsqu'elles sont à l'étiage, dans le lit du canal et dans un petit chenal qui le longe. Ce lit et ce canal juxtaposés, et dont les ouvertures sont calculées suivant des données mathématiques, constituent l'appareil partiteur ou de jaugeage. Le chenal est destiné à recevoir la partie des eaux réservées à la Loire pour les rendre au lit du fleuve au bout de 150 mètres.

Quant au Canal, il va se heurter à 200 mètres à peu près de son origine contre un contre-fort de montagne sous lequel il passe dans un tunnel de 250 mètres. Il y pénètre par trois ouvertures munies chacune d'un système de vannes, très-faciles à manœuvrer dans une chambre supérieure, et qui sont destinées soit à modérer le débit du canal, soit à le fermer complétement en cas d'innondations.

En sortant de ce tunnel, le Canal poursuit son cours sur la rive gauche de la Loire dans un lit formé par le rocher d'une part, et de l'autre, par une épaisse muraille parfaitement étanche, construite en grosse maçonnerie et en chaux du Theil. On traverse encore deux tunnels de peu d'importance, et on arrive à Saint-Rambert. De là on dévie fortement sur la gauche, et en se tenant à une petite distance de la montagne, de façon à dominer la plaine, on arrive au lieu dit *des Farges*, sur la route de Saint-Bonnet-le-Château. On a déjà parcouru 14,332 mètres. C'est là qu'est l'origine de la première artère, dite de l'Hôpital.

Le Canal traverse ensuite la Mare sur un pont, entre Sury et Saint-Marcellin, et il se dirige, en suivant à peu près parallèlement le chemin d'intérêt commun, jusqu'aux Tourettes, d'où se détache la deuxième artère dite des *Tourettes*.

De là, il va au Poulailler d'où se détachent la troisième artère, dite de Grézieux, et la quatrième dite de Poncins par Magneux.

Puis il va aux Bruchets et à Savigneux, en alimentant entre ces deux points la cinquième artère dite de Bulieux.

De Savigneux, il traverse la route de Feurs, s'ouvre pour donner naissance à la sixième artère dite de Vaures, et traverse le chemin de grande communication n° 13 après avoir alimenté la septième artère, celle de Chaury.

Puis il se dirige au pied du mont d'Uzore.

Sur la rive droite du Raillot, se détache la huitième artère, celle de Vaugirard; sur la rive gauche, la neuvième, celle de Champs; près des Pénots, et sur la rive gauche de Phelines, la dixième, celle de Mormant.

De là, le Canal suit le mont d'Uzore sur son versant oriental, à flanc de coteau, jusqu'à son extrêmité Nord, au-dessous de la propriété de Combes.

De ce point, part la onzième artère, dite de Montverdun. Puis le Canal, contournant un peu le versant septentrional du mont d'Uzore, et, cheminant sur le talus des terrains qui dominent Montverdun, va se terminer au hameau de Meximieux et se jeter dans le bief du moulin Chazal, qui rend au Lignon le reste des eaux de la Loire, après un parcours de 55 à 60 kilomètres dans la plaine du Forez.

Je vais indiquer brièvement les points auxquels ou près desquels passe chaque artère, suivant le profil que j'ai sous les yeux.

1re. *De l'Hôpital* (15 kilomètres). — Petite-Plaine, Grande-Plaine, Petit-Mont, Grand-Mont, Grangeneuve, l'Hôpital, les Auraux, Boisset-lès-Montrond, Sourcieux.

2e. *Des Tourettes* (4 kilomètres). — Sous-Préticux, sur la rive droite de la Currèze et se jette dans la Mare sous les Massards.

3e. *De Grézieux* (8 kilomètres). — Le Poulailler, Meycilleux, les Armandes, Grézieux, sur la ligne de faite qui domine l'étang du Comte, Percier, la Tour, se jette, comme la précédente, dans la Mare.

4e. *De Poncins*. — Se détache de la précédente, entre Meycilleux et les Armandes, traverse la route départementale n° 1 à 200 mètres au delà de Merlieux, se dirige sur la partie N.-O. de la commune de Chalain-le-Comtal, traverse le chemin de grande communication n° 6, au-dessus de Magneux, va rejoindre en face de Beaurevers la route départementale n° 3 qu'elle côtoie pendant 1200 mètres, pour la traverser vers l'Orme premier, et se diriger ensuite sur Poncins, où elle se jette dans le Vizézy. Cette artère est la plus longue de toutes; depuis sa jonction avec la troisième, elle a 18 à 20 kilomètres.

5e. *De Bullieux*. — Nous entrons dans une série d'artères assez courtes. Celle-ci n'a que 4 à 5 kilomètres. Elle traverse la route départementale entre Montbrison et Merlieux, se rapproche de la rive droite du Vizezy, dans lequel elle se jette à Bullieux.

6e. *De Vaures* (à peine 3 kilomètres). — Passe à Vaures, rejoint et longe la route départementale n° 3, pour faire un retour sous Forye.

7e. *De Chanry* (à peine 2 kilomètres). — De Chanry sur la route départementale n° 3, au point où elle est traversée par le Pinasse.

8e. *De Vaugirard* (3,500 à 4,000 mètres). — Traverse le chemin de grand communication n° 13 à 500 mètres au-dessus de Villeroy, passe à Vaugirard, aux Belles-Dents, et se jette dans le Raillot, 256 mètres avant son passage sous la route départementale n° 3.

9e. *De Champs* (6 kilomètres). — Passe près de Villeroy, traverse Lavallon, suit la Plaine, arrose Champs et se jette dans le Vizezy à 2 à 300 mètres au-dessus des Maréchaux.

10e. *De Mornant* (5 kilomètres). — Passe aux Peynots,

Vizelles, la Jarlette, les Maréchaux, et se jette dans le Vizezy sous Beaurevers, à 200 mètres en avant du pont du chemin de grande communication n° 6.

11e. *De Montverdun* (6 kilomètres). — Va se jeter dans le Vizezy à Poncins en passant à la Loge, Lapine, Pins-Morand.

En résumant les données précédentes, on voit que le Canal et ses artères ont une longueur de 130 à 140 kilomètres.

Sur ce réseau considérable, le canal principal est achevé depuis le moulin Johannade, jusques aux Farges près de Sury, à l'origine de la première artère, sur une longueur de 14,332 mètres. Un lot important est aujourd'hui en construction; il s'étend des Farges à Lozon, sur 3,042 mètres, et comprend des travaux très-importánts, les uns auprès des autres, pour la traversée du chemin de Saint-Marcellin à Sury, du bief de M. Jordan, et de la rivière la Mare. Ce qui augmente encore les dépenses de ce lot, c'est l'assiette du canal sur le sol de mauvaise qualité qui fournit les calcaires de Sury. Enfin la première artère, celle de L'Hopital, est complétement achevée, et les irrigations fonctionnent sur son parcours.

Indépendamment des artères, il y aura un réseau de sous-artères pour mettre l'eau à la disposition des particuliers.

Voyons maintenant quelle est la quantité d'eau dont dispose le canal. Dans son travail intéressant, M. Graëff rend compte de divers jaugeages qui ont été opérés au pont du Pertuiset et à celui d'Andrézieux. Il importait de connaître la quantité d'eau que débite la Loire, pour savoir celle dont on pourrait disposer en faveur de l'irrigation. Il fallait surtout savoir quel est le débit *minimum* du fleuve, pour ne pas être exposé à de cruelles déceptions dans les sécheresses moyennes.

Des calculs avaient déjà été faits par M. Boulangé : ils ont été recommencés par M. Graëff et ils ont donné les résultats suivants :

En 1858, année la plus sèche qu'on ait connue, au moment où l'honorable inspecteur des ponts et chaussées rédigeait son mémoire, le débit de la Loire est descendu, au pont du Pertuiset, à 3m92 au mois d'août; et il ne s'est maintenu que pendant six jours à ce minimum. Pendant quinze jours du mois de juillet, il a été de 5m25. Pendant un jour du mois de septembre, il a été de 5m96. Le reste du temps, il n'est jamais descendu au-dessous de 6m69.

L'étiage, au-dessous de 6 mètres, n'a donc duré que vingt-deux jours pendant cette année de 1858.

En 1859, qui fut très-sec aussi, le minimum de 6 mètres cubes n'a été dépassé que pendant dix jours du mois d'août, où il est descendu à $5^{m}25$.

En 1860, le minimum a été de $6^{m}69$, et cela pendant deux jours seulement.

Or, ces expériences ont été faites au pont du Pertuiset qui est à 10 kilomètres en amont du moulin Johannade ; et dans cette distance le volume des eaux s'accroît de plusieurs affluents, dont un, l'Ondaine, est assez considérable. Aussi le débit calculé aux mêmes époques, au pont d'Andrezieux qui est à 10 kilomètres à peu près en aval de la prise d'eau, donnait-il $5^{m}25$, $6^{m}40$, $7^{m}10$ quand il était au Pertuiset, de $3^{m}92$, $5^{m}25$ et 6 mètres. En prenant la moyenne, ce qui est sensiblement exact, on aurait au moulin Johannade, $4^{m}58$ pendant six jours, $5^{m}81$ pendant dix jours, et $6^{m}50$ comme moyenne des basses eaux pendant les périodes de grandes sécheresses.

Ces calculs concordent avec ceux de M. Boulangé, qui avait conclu que la quantité de 6 mètres cubes représentait le débit minimum de la Loire, les $4^{m}58$ n'étant qu'une exception qui a duré six jours et dans une année seulement.

Il est à notre connaissance que dans le courant des années 1870 et 1871, ce minimum s'est beaucoup abaissé, et qu'au moulin Johannade, il a à peine atteint 4 mètres. Ces deux années représentent une période exceptionnelle de sécheresse. Les meilleurs puits et les meilleures sources ont tari dans notre plaine ; plusieurs arbres se sont desséchés, parce que leurs racines ne trouvaient plus la moindre humidité au fond du sol. Pas la moindre pluie pendant l'hiver, le printemps et l'été. Comment la Loire aurait-elle échappé à cette influence néfaste ? et comment son étiage ne se serait-il pas abaissé au-dessous des étiages connus, en face d'une sécheresse sans précédents ?

Mais dans les dix années d'intervalle, on a constaté des températures moyennes. Remarquons d'ailleurs que cet abaissement, se produisant surtout au mois d'août et à la fin de juillet, ne peut exercer aucune influence sur la production du foin, dont la récolte se fait à la fin du mois de juin ; les regains seuls auraient à en souffrir, et le contingent qu'ils apportent, dans l'approvisionnement des fourrages, n'est pas très-considérable.

L'étiage le plus ordinaire à la prise d'eau est de 12 mètres cubes.

L'article 10 du décret de concession porte que le volume d'eau à dériver est fixé à 5 mètres cubes par seconde en temps d'étiage, et lorsque la Loire débitera 6 mètres cubes. Lorsque son débit s'élèvera au-dessus de 6 mètres cubes, celui du Canal pourra s'élever progressivement jusqu'à 15 mètres, laissant à la Loire 1/6 de la quantité qu'elle débitera.

Ainsi, à part des temps de sécheresse exceptionnelle, le canal débitera 5 mètres cubes au minimum, 15 au maximum et 10 dans les étiages ordinaires. Tels sont les volumes sur lesquels on a dû compter pour calculer les concessions à faire aux propriétaires, et les dimensions à donner au Canal.

Les ingénieurs de la navigation, notamment ceux chargés du canal de Digoin, ont élevé des objections contre cette dérivation des eaux de la Loire. Mais on a fait observer que la navigation n'a lieu qu'à partir de Saint-Just, ne se fait qu'à la descente, et n'est possible que lorsque la Loire débite au pont d'Andrezieux 124 mètres cubes. L'influence d'une prise d'eau de 10 mètres serait insignifiante, comme effet, sur la navigation.

Quant au flottage, il s'arrête au pont du Pertuiset, en amont du moulin Johannade, et là, les bois prennent les routes pour aller à Firminy et à Saint-Etienne.

Occupons-nous maintenant de ce qui se rattache aux quantités d'eau mises à la disposition des abonnés. Il a fallu, au préalable, fixer approximativement le nombre des hectares qui pourraient être soumis à l'irrigation.

La superficie dominée par le Canal est de 26,000 hectares. On admet en général que, dans les combinaisons les plus avancées au point de vue agricole, on irrigue le tiers des surfaces dominées : ce serait, en nombre rond, une surface de 8,000 hectares.

Quelle est la quantité d'eau nécessaire et suffisante pour une bonne irrigation?

« Dans le département de la Loire, dit M. Graeff, l'usage « est d'irriguer de deux semaines l'une pendant la saison des « irrigations dans les parties du département où il y a assez « d'eau pour une irrigation tout à fait complète; et il a été « reconnu que, pour chacune de ces opérations, une couche « d'eau de 0.06 de hauteur répandue sur le pré était plus « que suffisante pour des terrains comme ceux de la plaine

« du Forez qui, ayant un sous-sol argileux, n'absorbent pas « une grande quantité d'eau. »

J'ai voulu m'assurer de l'exactitude de cette donnée, et j'ai fait l'expérience suivante : J'ai pris une caisse en bois, ayant une surface de 16 décimètres et une profondeur de 0.35. Je l'ai remplie de terre sèche, que je faisais tasser par le piétinement au fur et à mesure qu'on y jetait de nouvelles couches; cette hauteur de 0.35 m'a paru représenter très-largement l'épaisseur moyenne, dans notre plaine du Forez, du terrain ameubli au-dessus du sous-sol argileux. Puis j'ai arrosé, en donnant à l'eau le temps de s'infiltrer, jusqu'à parfaite saturation de la terre; et j'ai employé 16 litres, soit, pour les 16 décimètres de surface, une épaisseur de 0.10. J'en ai conclu que, s'il fallait cette quantité d'eau pour humecter une couche de sol ameubli, complétement desséché, une épaisseur de 0.06 devait être amplement suffisante pour entretenir l'humidité nécessaire à la végétation. Car, grâce à la motte de gazon qui empêche le dessèchement à la surface supérieure, et à la capillarité qui entretient la fraîcheur dans le fond, ce n'est pas en quinze jours que le terrain peut être réduit à un état complet de siccité, pour peu surtout que les nuits aient quelque fraîcheur, et qu'il tombe un peu de pluie. Et, pour apprécier les besoins de l'irrigation, il faut tenir compte des eaux pluviales. Or, les pluies donnent, chez nous, une hauteur d'eau moyenne de 0.80. Je suis donc convaincu qu'une couche d'eau de 0.06, bien aménagée par un bon système de rigole, et répandue tous les quinze jours sur le pré, est suffisante pour l'irrigation.

Cette couche, répandue dans les mois où l'on arrose, représente une hauteur annuelle de 0.50, soit un demi-litre par hectare, par seconde et par jour.

Nous avons vu, précédemment, que le nombre des hectares à irriguer peut être évalué à 8,000, qui exigeraient alors une dépense d'eau de 4 mètres cubes par seconde. Or, le Canal peut les fournir et au delà, puisque les calculs et expériences faites prouvent que, pendant dix années sur douze, le débit minimum du Canal doit être de 5 mètres. Le nombre des hectares à irriguer pourrait donc être facilement porté à 10,000. Nous nous expliquerons plus tard sur l'extension à donner à la surface irrigable.

Pour le moment, bornons-nous aux faits prévus et parfaitement déterminés. Le décret de concession fixe à un demi-litre par seconde et par hectare l'eau à donner journellement aux abonnés : voilà la loi.

A propos de cette fixation par le décret, une question a été soulevée à la dernière session du Conseil général, et résolue tout récemment par le Conseil supérieur des ponts et chaussées. Elle a son importance.

« Un point a excité des réclamations chez les souscrip-
« teurs, dit M. Lagrange dans son rapport. Ils ont vu une
« contradiction entre les engagements qu'ils avaient sous-
« crits et le texte du décret de concession. Ce dernier con-
« cède un demi-litre par hectare, sans indemnité pour le
« cas où les basses eaux de la Loire ne permettraient de
« donner qu'une quantité moindre. D'après les engagements
« souscrits, *la quantité d'eau est fixée à un demi-litre avec*
« *augmentation proportionnelle du volume quand les eaux de*
« *la Loire permettront d'en dériver un volume plus considé-*
« *rable*..... Les souscripteurs prétendent qu'aux termes de
« leur engagement, chaque hectare doit recevoir, en tout
« temps, $\frac{1}{8000}$ de l'eau du canal, depuis les moments du plus
« bas étiage jusqu'aux moments d'abondance où, l'on a tou-
« jours supposé que la quantité fixée par le décret serait
« doublée. Ils demandent que l'eau ne puisse être vendue
« pour un plus grand nombre d'hectares que 8,000, et que le
« concessionnaire d'eau pour un hectare soit concessionnaire
« de $\frac{1}{8000}$ de l'eau du canal. »

A cette question ainsi posée, M. l'ingénieur en chef, faisant preuve en cela d'une louable sollicitude pour les intérêts agricoles, répond que, dans sa pensée, il faut faire droit à de légitimes réclamations et exécuter les engagements.

« Nous ne voulons pas dire qu'il y eût danger à renoncer
« au bénéfice des souscriptions antérieures : certes, l'eau se
« vendra. Mais cela ne suffit pas ; il importe qu'elle se vende
« vite, qu'il y ait un délai limité pour la vendre. D'autre
« part, en limitant l'irrigation à 8,000 hectares, on ne s'é-
« carte pas de ce qui a été la véritable pensée de l'œuvre.
« Nous conseillerions d'autant mieux d'admettre la limite
« de 8,000 hectares, qu'elle permettrait de donner au plus
« bas étiage 0 litres 625 au lieu de 0,50 et qu'un demi-litre
« constitue un minimum assez rigoureux. »

Le Conseil des ponts et chaussées, saisi de cette très-importante question de la modification de l'article 5 du décret de concession dans le sens des conclusions du rapport de M. Lagrange, a décidé :

1° Qu'il n'y avait pas lieu, quant à présent, de modifier le décret de concession du canal de Forez ;

2° Que si l'expérience venait à démontrer que le module de 1/2 litre par seconde fut insuffisant pour assurer l'irrigation d'une manière convenable, on pourrait en proposer l'augmentation ; mais qu'en aucun cas il ne pourrait être question de substituer un module fixe à un module variable.

. . . .

3° Qu'il y a lieu d'appeler spécialement l'attention du Conseil général sur l'importance de la rédaction des contrats de concession et la nécessité de les mettre en harmonie avec les termes du décret (1).

Le ministre a adopté cet avis du Conseil général des ponts et chaussées. La quantité d'eau à donner aux souscripteurs est donc fixée à un demi-litre par hectare et par jour. Cependant il y a une porte ouverte à une augmentation éventuelle de ce volume, dans le paragraphe où il est fait allusion à une insuffisance notoire démontrée par l'expérience.

La Société d'agriculture de Montbrison, dans sa séance du 6 mai 1872, s'est occupée de cette intéressante question. M. Raymond, membre de la commission départementale, en faisant connaître à la Société l'avis du Conseil supérieur que je viens de rapporter, dit que le rapport des inspecteurs généraux était plus explicite, et proposait formellement des expérimentations, sous la surveillance des ingénieurs, pour se rendre compte si la quantité d'un demi-litre suffit à arroser un hectare ou s'il convient de l'augmenter.

A la suite d'une discussion intéressante, la Société a pris, sur la proposition de M. Crozier, la délibération suivante :

« Considérant que l'expérience, dont parle la commis-
« sion du Conseil des ponts et chaussées, ne peut résul-
« ter que de l'expérimentation qui sera faite à des épo-
« ques et dans des terrains différents pendant un certain
« nombre d'années, des résultats obtenus par l'arrosage
« dans des conditions diverses,

---

(1) Il s'agit ici des engagements définitifs à prendre, les engagements antérieurs au décret ne liant pas plus le département que les souscripteurs, ainsi que cela a été reconnu dans la discussion approfondie qui a eu lieu en conseil sur cette partie de la question.

« Décide :

« Qu'il sera désigné des terrains de diverses natures, « dans lesquels des expérimentations seront faites par les « soins d'une commission prise dans le sein de la Société ; « nomme pour faire partie de cette commission : MM. Chamard, Henrion, Monin. »

Le travail de cette commission sera à coup sûr très-intéressant, et fournira matière aux observations les plus instructives. On ne peut donc que louer et remercier la Société d'agriculture d'en avoir pris l'initiative. Il ne faut pas se dissimuler cependant que les commissaires vont se heurter à des difficultés de toutes sortes, et que leurs expériences ne seront plus absolument concluantes. Car il y a des éléments avec lesquels il faut compter et dont on ne peut faire abstraction, ce sont la température et la fréquence ou la rareté des pluies. Il y aura toujours là un obstacle à des opérations régulières. Néanmoins, comme je le disais plus haut, il y aura à en tirer de très-utiles renseignements et de graves présomptions sur la question posée par le Conseil général des ponts et chaussées.

Quoi qu'il en soit de l'avenir, le présent est réglé, et on ne peut qu'engager les souscripteurs *fermes* ou *de garantie* à maintenir leurs engagements pour assurer l'achèvement du canal.

Je me réserve de revenir au Chapitre V sur cette intéressante question, lorsque je donnerai des détails sur les dépenses faites ou à faire. Je me borne pour le moment à constater la situation actuelle. Dans ma pensée, la quantité d'un demi-litre est suffisante pour la plupart de nos terrains. Mais la voie étant officiellement ouverte aux expérimentations, les agriculteurs et souscripteurs doivent être complétement rassurés. Ils savent que si la nécessité d'un volume d'eau plus considérable est reconnue par la pratique, l'article 5 du décret sera modifié dans ce sens.

Indépendamment du canal principal et de ses onze artères, le département aura encore à faire construire un nombre considérable de sous-artères pour conduire l'eau sur la limite de chaque propriété particulière (article 4 du décret du 20 mai 1863). Les projets de quelques-unes sont déjà prêts sur l'artère de l'Hôpital, et il faut espérer que l'adjudication en sera bientôt donnée.

Lorsque l'eau sera amenée à cette limite, tous les travaux tomberont à la charge des propriétaires. Si plusieurs d'entre eux sont intéressés à la même prise d'eau, ils devront s'organiser en syndicats, pour que les rigoles et autres ouvrages soient exécutés sur un plan d'ensemble et à frais communs. Ces syndicats sont obligatoires : on en comprend facilement le motif. L'Etat n'a pas voulu que le département concessionnaire pût avoir des difficultés à l'occasion de ces jouissances communes, par l'obligation de traiter avec plusieurs propriétaires à la fois : il ne connaîtra que le syndicat, et règlera avec lui toutes les questions de principe ou de détail.

J'extrais encore du décret quelques-unes des dispositions principales, qui sont de nature à favoriser ou encourager les abonnements des propriétaires. Ainsi l'article 7 dispose que tout abonné aura cinq ans, pour mettre en état d'irrigation successive les surfaces pour lesquelles il se sera abonné. S'il veut donc éviter de faire, en une seule fois, une dépense considérable, il lui sera loisible de n'utiliser l'eau que par cinquième, en ne versant dans la caisse du département que le cinquième du montant de son abonnement.

Aux termes de l'article 8, il pourra jouir de l'eau à son gré, pour l'usage qui lui conviendra, et en l'appliquant aux cultures qu'il croira devoir en faire profiter. Il pourra même l'employer à l'arrosage d'une superficie plus grande que celle pour laquelle il la prise et ne payera cependant que la quantité d'eau résultant du nombre d'hectares qu'il aura souscrits. Cette dernière disposition est excellente, en ce sens qu'elle permet d'utiliser pour des fourrages artificiels, des céréales, et même des prés inférieurs, les eaux qui auront déjà servi à l'irrigation des prairies qu'on avait en vue en souscrivant. On pourra enfin s'en servir pour des moteurs hydrauliques, à la condition de rendre les eaux au canal.

Cet article du décret m'amène naturellement à m'occuper des différents usages auxquels peuvent être employées les eaux du canal.

IV.

Des différents usages auxquels peuvent être employées les eaux du canal.

Les eaux du canal peuvent être, en dehors des irrigations, utilisées à des usages d'une importance sérieuse, et dont l'ensemble constituerait les améliorations les plus utiles à notre pays. En me plaçant au point de vue du progrès général, et non plus sous le rapport exclusif des transformations agricoles, je suis convaincu que les eaux de la Loire, ainsi amenées dans le Forez, peuvent y rendre d'incalculables services. Je vais énumérer les principaux d'entre eux.

Chutes d'eau. — Les différences de niveau considérables, entre le moulin Johannade et les issues de la conduite principale et des artères, a obligé les ingénieurs à créer, sur différents points, des chutes qui permissent de maintenir le cours de l'eau à une pente uniforme, point assez rapide pour détériorer les berges, suffisantes cependant pour empêcher les végétations de croître dans le lit du canal, comme cela a lieu dans les étangs, ou les rivières sans courant.

Le nombre de ces chutes est de dix-huit. En voici la nomenclature, avec indication de leur emplacement, de leur hauteur, de leur volume, de leurs forces effective et utilisable, d'après la formule : $F = \frac{1000\ Q \times H}{75}$

NUMÉROS des chutes.	VOLUMES d'eau.	HAUTEUR de la chute.	FORCE effective en chevaux-vapeur.	FORCE utilisable en chevaux-vapeur.	OBSERVATIONS.
	litres.	mètres.			
Canal principal, 4e Section					
No 1. . .	2,227	4.00	118.74	79.15	
Première artère					
— 2. . .	2,120	3.80	107.40	71.60	
— 3. . .	2,120	3.80	107.40	71.60	
— 4. . .	2,120	4.60	130.00	86.66	
— 5. . .	2,120	1.70	48.00	32.00	
— 6. . .	1,740	5.00	84.00	56.52	
— 7. . .	1,740	1.20	27.84	18.56	
— 8. . .	1,740	2.06	47.80	31.86	
— 9. . .	1,740	2.00	46.40	30.86	
— 10. . .	1,740	4.50	104.40	68.86	
— 11. . .	1,740	3.40	78.88	52.52	
— 12. . .	810	2.84	30.66	27.10	
Troisième artère					
— 13. . .	4,404	3.70	217.20	144.20	En face de Meycilleux.
— 14. . .	1,423	1.82	34.15	29.42	
Quatrième artère					
— 15. . .	2,981	5.10	202.66	135.10	Entre le Poulailler et Merlieux.
— 16. . .	1,987	7.00	95.66	61.76	
Dixième artère					
— 17. . .	577	plan incliné	56.30	37.52	
Onzième artère					
— 18. . .	0.769	plan incliné	90.00	66.74	

Ces chutes donnent une force utilisable de 1032,64 chevaux vapeur. C'est un ensemble important de moteurs et qui ne peuvent manquer d'être employés par les industries de Saint-Etienne. L'agriculture pourrait même s'en servir pour des moulins, des féculeries, des huileries. Quand on pense au travail colossal que fait exécuter à la perte du Rhône, au confluent de ce fleuve avec la Valserine, une compagnie américaine pour créer à Bellegarde, c'est-à-dire à une extrémité de la France et loin des centres industriels, une force motrice de 10,000 chevaux, qu'elle compte mettre à la disposition de différentes industries par fractions plus ou moins considérables, on se demande comment les chutes du canal pourraient ne pas être demandées au fur et à mesure de leur création dans un département central, et à la porte de ce foyer d'industrie, qui s'étend de Saint-Etienne à Lyon. Je suis convaincu que cette force motrice sera considérée dans l'avenir comme un des services sérieux rendus par le canal du Forez.

D'après les renseignements qui m'ont été donnés, ces chutes constituent pour l'œuvre du canal une valeur capitale de 3 à 500,000 francs.

Et encore nous n'avons parlé ici que des chutes prévues sur l'artère principale et les artères latérales. Nul doute que les sous-artères n'apportent aussi un contingent qui augmente, dans une certaine proportion, ce chiffre de 1032 chevaux-vapeur.

Serait-ce aller trop loin, et entrer dans le monde des rêves et des illusions, que de prévoir le cas où ces chutes pourraient être utilisées dans l'intérêt même de l'irrigation ? Le canal ne domine que 26,000 hectares; c'est dire qu'une immense étendue de terrain est privée de la possibilité d'être irriguée. Or, pourquoi ne ferait-on pas comme en Angleterre où, dans de grandes exploitations, on refoule les eaux par de puissantes machines pour aller irriguer des prairies ou des terres derrière des hauteurs considérables? Au moyen de ces chutes, on pourrait très-bien installer des machines économiques qui lanceraient l'eau sur des terrains plus élevés que le canal.

Il y aurait tout intérêt à faire, à titre d'encouragement, des concessions importantes, soit sur le prix des chutes, soit sur le montant de l'abonnement, à ceux qui entreprendraient une aussi intelligente opération. Des spéculateurs pourraient même installer une industrie sur les chutes, et profiter de leurs moteurs pour lancer les eaux d'irrigation au printemps. Il y a une foule de combinaisons qui méritent d'être étudiées, et dont tout le mérite consisterait à faire le plus et le mieux avec la plus grande économie.

On peut voir aujourd'hui dans la propriété de M. Verdollin, à Laprat, fonctionner un moteur hydraulique qui lance les eaux du Lignon sur le plateau, à une hauteur de 12 ou 14 mètres. L'auteur du système, M. Félix, se serait chargé de les faire monter jusques à 30 mètres.

Usages domestiques ou mécaniques dans les fermes. — Beaucoup de nos fermes manquent d'eau en été, soit pour boire, soit pour le service de la maison, soit pour l'abreuvage du bétail qu'on est souvent obligé de conduire au loin à des étangs bourbeux, au risque quelquefois d'avoir un procès. Au moyen du canal, on pourra se procurer toute l'eau dont on aura besoin, sans supplément de prix, si elle a déjà servi à l'irrigation ; ou au moyen d'une modique rétribution, si l'eau vient directement à la ferme.

Elle sera aussi une ressource très-utile pour les jardins, qui ont donné si peu de légumes pendant les étés que nous venons de traverser, parce que l'eau manquait pour les arroser. Et personne n'ignore que les produits horticoles jouent un rôle très-important dans l'alimentation d'une ferme. La sobriété habituelle de nos ouvriers, les qualités un peu spartiates des apprêts de nos grandes servantes, font trouver un grand charme à la saveur des fruits et des légumes.

L'eau des puits est toujours crue, quelquefois trouble, souvent malsaine par les infiltrations des écuries. Par des années comme celles que nous venons de traverser, bien des puits se sont trouvés complétement à sec. Au moyen du canal, on aura toujours de l'eau d'excellente qualité, et que l'on rendra claire et fraîche, en lui faisant traverser des filtres élémentaires, installés dans des caves. On sait que le premier venu peut construire ces filtres et en avoir soin.

A côté de l'abreuvoir pour le bétail, il y aura le lavoir. Si on voyait à quelles eaux, souvent vertes et saumâtres, on lave quelquefois le linge de tout le personnel d'une ferme ! C'est à se demander si, au point de vue de la propreté et de la salubrité, il y a le moindre intérêt à faire ce simulacre de lessive barbare !...

Enfin on pourrait, dans chaque domaine, même d'une importance secondaire, organiser un manége à moteur hydraulique. Moulins, batteuses, coupe-racines, hache-paille, toutes les exploitations auraient très-facilement des installations aussi commodes qu'économiques. La main-d'œuvre devient si chère, que son prix n'est plus en rapport avec la valeur vénale des céréales. Il faut aviser à introduire dans nos exploitations l'emploi des machines agricoles. Le canal va fournir le moyen d'y pourvoir dans les conditions les plus avantageuses.

M. Balay a pris à cet égard une initiative qui ne peut manquer d'être d'un bon exemple. Il a fait construire auprès de ses bâtiments d'exploitation un grand réservoir, dont les eaux sont destinées à alimenter un mécanisme qui fait manœuvrer toutes les machines, depuis le moulin à farine jusqu'au simple coupe-racines.

Puisque les circonstances nous amènent ici à parler du magnifique domaine de Sourieux, nous ne saurions trop engager ceux de nos lecteurs, qui s'intéressent à l'irrigation, à aller voir les travaux intelligents exécutés pour distribuer les eaux sur les prés et les luzernes. Il y a un très-bon système de rigoles exécutées, soit à niveau du sol, soit au moyen de petites chaussées pour traverser les thalwegs des prairies. Puis il y a un excellent réseau de sous-rigoles, faites avec une rigoleuse de l'invention de l'habile régisseur, M. Henrion, et que manœuvre très-facilement une paire de bœufs. Ces conduites d'eau secondaires, faites proprement, reviennent ainsi à un très-bas prix. Le domaine a déjà recueilli les fruits de l'irrigation par le canal. Dans les deux dernières années de 1870 et 1871, pendant que toutes nos prairies n'avaient que le triste aspect de chaumes ou de guérets, les prés de Sourieux étaient couverts d'une herbe que rendait encore plus luxuriante ce beau soleil qui ailleurs brûlait les plantes à leurs racines.

Usages communaux. — Ce que j'ai dit des fermes, au point de vue de l'alimentation des eaux, je le dirai à plus forte raison des communes, dont la plupart, presque toutes, n'ont ni fontaines, ni abreuvoirs, ni lavoirs. On ne peut se figurer quelles sont les souffrances des petits ménages de certains villages pendant l'été. De mauvais puits, dans lesquels on doit à l'obligeance des voisins d'aller puiser de la mauvaise eau; des étangs malsains, quelquefois des trous où le bétail boit de l'eau limoneuse, où on lave le linge de la famille, qui sort de là souvent plus sale qu'on ne l'y a plongé. C'est pitié ! La souffrance, l'insalubrité, l'incommodité font cortége à cette vie des habitants de la campagne, dont les besoins de tous les jours ne trouvent qu'une satisfaction précaire, et qu'on pourrait taxer de douloureuse, plutôt que d'incomplète. Dans certains départements, ceux de l'Est notamment, il n'est pas de commune qui ne tienne à honneur d'avoir ses fontaines, son lavoir et son abreuvoir.

Sacrifices de toutes sortes, votes du conseil municipal, souscriptions en argent, prestations en nature, rien ne coûte pour se donner ce qui, dans notre plaine, serait une jouissance, et qui n'est, après tout, qu'objets de première nécessité.

Indépendamment des vingt communes dominées par le Canal et ses artères, il y a une foule de villages et de hameaux dont l'aspect serait transformé, l'aisance décuplée, la salubrité assurée, la vie en un mot facilitée, par l'introduction de ces utiles améliorations. Mais il ne faut pas attendre qu'on vienne les demander. Le poëte l'a dit : *Ignoti nulla cupido,* on ne désire pas le bien qu'on ignore. Habitué qu'il est à toutes les privations, le paysan dans sa résignation, son peu de souci de l'ambition la plus légitime, celle du bien-être sans luxe, ne se figure pas que les choses puissent aller autrement qu'elles n'ont été jusque-là. Il ne va pas chercher le bien ou les améliorations qui ne sont pas à portée de sa main : il faut que la providence ou quelque bienfaiteur vienne les déposer à sa porte.

Qu'en conclure ? Qu'il importe que l'Administration, ou une association quelconque, aille quémander dans les villages et hameaux la permission de leur rendre à peu de frais le plus grand des services : dresser le plan et fournir le devis de ces fontaines, abreuvoirs et lavoirs communs, en même temps que de l'établissement des filtres destinés à rendre les eaux limpides et fraîches. On sera étonné du chiffre peu important auxquels s'élèveront ces diverses dépenses. L'abonnement aux eaux du Canal ne sera pas non plus d'un chiffre très-élevé, si j'en crois les dispositions du conseil général ; et je suis convaincu que, lorsque les communes sauront à quelle dépense elles s'engagent, il n'en est pas une qui refuse cette satisfaction à son chef-lieu et à ses principales sections.

Ce ne sera pas, je le veux bien, pour l'œuvre du Canal une source de revenus considérables. Mais ce sera accessoirement un immense service rendu par lui à la plaine. J'en parle en homme qui a vu de près toutes les privations qu'impose le manque presque absolu d'eau pendant l'été.

J'ai parlé des communes et des hameaux dominés par le Canal. Quant aux autres, un grand nombre pourraient être pourvues au moyen des moteurs hydrauliques qui seraient installés sur les chutes.

Prises d'eau pour les étangs. — J'ai expliqué, au premier chapitre de ce mémoire, que la cause à peu près exclusive de l'insalubrité de nos étangs, consistait dans la diminution constante du volume de l'eau qui, sous l'influence du soleil et de la chaleur, s'évapore, et met ainsi tous les jours une partie de leur surface à découvert. Exposés à l'action de l'air, les plantes et les limons se dessèchent, se corrompent et engendrent des gaz délétères. Cela est évident pour tout individu qui passe en été sous le vent d'un étang : on est de suite saisi par la mauvaise odeur qui s'en dégage. Il n'y a que deux manières de remédier à cet inconvénient : creuser les étangs et les entourer de chaussées à pic, de manière à ce que les pertes d'eau portent sur la hauteur et non sur la surface ; ou bien tenir les étangs continuellement pleins. Ce qui vaudrait encore mieux, ce serait de combiner les deux moyens : améliorer le régime des chaussées et aviser à augmenter l'approvisionnement des eaux.

Les ruisseaux auxquels viennent s'alimenter nos étangs ont un régime très-variable. Ils restent quelquefois à sec pendant des hivers entiers. De plus, beaucoup d'étangs n'ont pas de prise d'eaux régulière. Leurs propriétaires en prennent où ils peuvent, au risque d'avoir des procès ou d'être au moins contrariés. En un mot, le remplissage des étangs, pour beaucoup d'entre eux, est une question très-aléatoire. Il arrive souvent qu'au mois d'avril ils sont à peine pleins à moitié ou aux trois quarts. C'est déjà une condition aussi mauvaise pour l'intérêt du propriétaire qu'au point de vue de la salubrité : car, plus la surface d'eau est restreinte et moins la profondeur est considérable, plus l'évaporation s'opérera facilement, et plus les émanations du fond se feront jour facilement à travers une couche d'eau peu épaisse.

Le Canal permettra de pourvoir à ce premier inconvénient. Les eaux, qui seront inutiles pendant une partie de l'hiver, pourront être vendues pour l'approvisionnement des étangs. Il sera fait, pour cet usage, des tarifs de faveur, je le suppose : car l'eau serait trop chère, à mon avis, à 8 francs les mille mètres cubes. Mais les intérêts du département n'auront pas à souffrir d'une diminution de prix qui ne portera que sur des eaux complétement inutiles à l'irrigation. Ce sera de l'argent trouvé sur lequel on ne comptait pas. Puis, lorsque le moment des irrigations sera venu, le tarif reprendra sa vigueur, et les étangs payeront le même prix que les prés. Il est vrai qu'à ce moment ils devront être complétement pleins, et qu'un nouvel abonnement n'aura pour but que de maintenir l'eau à son même niveau.

Je crois ces considérations très-pratiques, parce que beaucoup d'étangs supprimés n'ont pas donné, je le sais, en cultures ordinaires, tout ce qu'on en espérait. Il y a eu des frais inutiles et des mécomptes. On a regretté et on regrette encore l'évolage, ses produits certains, faciles, sans frais, à l'abri des intempéries des saisons, les fumures naturelles qui en étaient la conséquence. On les regrette d'autant plus que le prix du poisson va toujours en augmentant, et que dans ces deux dernières années notamment, il a atteint des proportions fabuleuses. En novembre et décembre 1871, il a été fait des marchés à 140 et 150 francs les 100 kilos !...

Donc, rien de plus facile que de refaire les étangs là où ils ne peuvent pas être avantageusement remplacés par des céréales, ou de maintenir avec sécurité ceux qui existent encore et sans aucun péril pour la santé publique.

Emmagasinage d'eau pour suppléer à l'insuffisance du Canal. — Je suis amené, par les considérations qui précèdent, à indiquer un remède aux insuffisances du Canal pendant les années exceptionnellement sèches. Nous avons vu, qu'à certaines époques, la Loire est descendue à des étiages qui ne permettaient plus, dans les chaleurs de l'été, que des irrigations fort incomplètes. Ne serait-il pas possible, sur certains points de la plaine, de créer des réservoirs artificiels, dans lesquels on emmagasinerait les eaux pendant l'hiver? Il y a des terrains dont la pauvreté est telle, que le meilleur emploi qu'on en puisse faire, serait de les inonder. Cet emploi ne serait même pas complétement improductif. D'abord, on pourrait prendre une récolte d'arrière-saison. Ensuite, ils s'amélioreraient par un colmatage, dont les effets ne seraient pas très-longs à se faire sentir.

Ces réservoirs seraient complétement inoffensifs au point de vue de la salubrité publique par la rapidité avec laquelle on en opérerait la vidange.

Il n'y aurait même aucun inconvénient à utiliser, comme réservoirs pour l'irrigation, les étangs actuels. En creusant les bords, en élevant les chaussées, on pourrait très-facilement et à peu de frais augmenter, dans des proportions considérables, leur volume d'eau. On ne prendrait, pour l'irrigation, qu'une hauteur d'eau déterminée, arrêtée d'avance par un accord avec l'administration, protectrice naturelle de la santé publique.

J'ai fait cela à Combes. Mon étang a été exhaussé et approfondi, entouré de chaussées de toutes parts. Il a deux bondes ou lâches : l'une à son thalweg, pour la pêche, l'autre pour l'irrigation. Celle-ci a été placée de façon que la surface de l'eau reste toujours la même. Cette amélioration du régime de cette pièce d'eau fut faite d'après les plans et sur les conseils de M. Camme, alors ingénieur en chef, et dont les propriétaires se rappellent l'extrême complaisance. Je me suis ainsi procuré 8,000 mètres cubes pour l'irrigation. Je ne serais point étonné quand, de ce chef, on se procurerait un suppléant minimum de 2 à 3 millions de mètres cubes d'eau. Cette quantité suffirait pour donner quatre irrigations à 1,200 ou 1,500 hectares de prés, ce qui ne serait pas à dédaigner.

Or, ce chiffre de 2 à 3 millions de mètres cubes, qui paraît énorme à première vue et destiné à appauvrir le canal, sait-on ce qu'il faudrait de temps pour l'accumuler dans les réservoirs artificiels? Deux ou trois jours seulement, si on y appliquait les 12 mètres cubes que l'on a le droit de prendre, et que l'on pourrait prendre en effet, sans inconvénient, pendant l'hiver. Car le débit journalier du canal s'établit par la formule suivante : $V = 12 \times 60 \times 60 \times 24 = 1,036,800$ mètres cubes.

Navigation. — J'arrive à un chapitre beaucoup plus délicat, l'emploi du canal comme voie de transport. Je sais que beaucoup de bons esprits se sont élevés contre cette idée qu'ils ont taxée d'utopie. Je crois qu'ils ont obéi en cette circonstance à un préjugé.

Quels obstacles pourrait rencontrer la marche d'un bateau sur le canal du Forez? Je n'en vois que deux : les chutes et les amorces des artères.

Et d'abord le canal n'a qu'une seule chute, auprès de la route départementale n° 1, à douze ou treize cents mètres de Montbrison. En amont et en aval de ce point, il n'en a pas. Mais en eût-il, qu'elles peuvent être facilement franchies, en établissant, parallèlement à la chute, une chambre d'eau, dans laquelle serait dirigé le bateau, ouverte et fermée par une écluse. Or, s'il y a intérêt à appliquer la navigation, ce que je vais indiquer, la dépense supplémentaire serait insignifiante. On pourrait même faire le travail sur les principales artères.

Quant aux amorces des artères, je sais bien qu'elles produisent un double effet : elles précipitent le courant, et, en le précipitant, elles diminuent la profondeur de l'eau. Elles établissent un courant contraire dans la direction de l'artère et peuvent faire dévier le bateau : telle est la seconde objection. Je ne la crois pas très-sérieuse, et les difficultés qui en sont la conséquence ne me paraissent pas insurmontables. J'en ai causé avec des ingénieurs fort compétents, et, sans entrer dans les détails des explications qu'ils m'ont données, je puis dire qu'elles sont de nature à lever tous les doutes.

Dans ma conviction, la navigation est donc possible sur le canal et quelques-unes de ses artères, avec des bateaux dont la grandeur, la forme et le tonnage seraient en harmonie avec les dimensions, le courant et la profondeur des eaux.

Je n'entendrais pas faire encore de ce transport par eau une grande spéculation, ni par conséquent une source de produits considérables pour le canal. Ce serait plutôt, suivant moi, un moyen d'être utile à l'agriculture du Forez et à une certaine partie du bassin houiller. Il y a, entre Firminy et Saint-Étienne, une population ouvrière très-dense, dont les exigences, en matière d'alimentation, vont toujours en augmentant. Sur le marché de ces centres importants, les productions maraîchères se vendent à des prix très-élevés. Grâce à la navigation du canal, on pourrait y transporter des quantités énormes de légumes et de fruits. Les denrées horticoles constituent une branche de produits à peu près inconnus de nos fermiers et de nos propriétaires. La raison en est bien simple. C'est qu'il faudrait faire toujours le voyage d'une station de chemin de fer, ou aller aux marchés de Feurs, Boën, Montbrison, etc., et que les frais du transport ainsi que la perte de temps absorbent tout le bénéfice.

Sur les bateaux, au contraire, passant à des heures déterminées, on amènerait de toutes les fermes situées sur le parcours, des produits dont l'exploitation pourrait alors se faire sur une grande échelle. Ils remonteraient le canal à bras d'hommes ou à l'aide de chevaux s'il était besoin, et arriveraient ainsi jusqu'au moulin Johannade, Qu'on regarde la carte, et l'on verra que de là à Firminy la distance est très-courte. On pourrait la franchir au moyen d'un petit canal : les bateaux traverseraient la Loire et arriveraient, sans déchargement, au centre d'un marché important. En retour, ils ramèneraient un peu de charbon. Ils pourraient être chargés au maximum, ayant à parcourir le canal à la descente. Ainsi, marchandises légères en remontant le courant; marchandises lourdes en le descendant, tout paraît combiné pour le succès de ce genre de transport.

Les bateaux pourraient être manœuvrés par des hommes ayant une certaine surveillance à exercer sur le canal, ce qui leur permettrait, suivant une expression vulgaire, de faire d'une pierre deux coups.

Ces transports sur petits bateaux se font en Angleterre

très-couramment. Beaucoup d'usines s'en servent pour leur approvisionnement ou leur service intérieur.

Pisciculture. — Nos rivières sont aujourd'hui complétement dépeuplées. Malgré toutes les précautions prises par les prescriptions ministérielles sur la pêche, les prohibitions et la surveillance des gardes, les braconniers ont réussi à ne plus laisser de poissons dans nos cours d'eau. Les empoisonnements en masse, opérés par la chaux ou par la cloque, ont fait une telle razzia, qu'aujourd'hui on ne trouve plus rien. Sous le Gouvernement précédent on a bien essayé de faire de la pisciculture. Dans des établissements subventionnés par l'administration supérieure, on a pratiqué l'éclosion artificielle des œufs, et on a créé des sujets pour être jetés dans toutes les rivières : et ces petits sujets étaient distribués à tous ceux qui en demandaient.

Je ne sais pas si le succès a couronné ces expériences dans d'autres régions. Mais dans notre arrondissement, on ne s'est occupé de pisciculture que sur une très-petite échelle, et les résultats sont nuls. Du reste, nos cours d'eau sont trop souvent à sec, pour que la feuille qu'on y jette ait quelque chance d'y prospérer. Le canal me paraîtrait au contraire admirablement approprié pour tenter des essais en grand. Toujours approvisionné d'une eau excellente, puisqu'elle vient de la montagne, continuellement placé sous la surveillance des gardes, il peut fournir à la semence du poisson un asile sûr, en même temps qu'un aliment de premier choix.

Si on voulait circonscrire l'expérience sur certains points, on pourrait établir des grillages en amont et en aval des points choisis. M. Balay a fait quelque chose pour le poisson dans ses rigoles de Sourieux : il a établi de loin en loin des chambres où le poisson se réfugie. Il a réussi, m'assurait-il, à en retenir une certaine quantité.

Ce qu'il faisait là n'était pas de la pisciculture, mais prouve une chose, c'est que le poisson ne serait point rebelle à toutes les mesures prises sur le canal dans l'intérêt de sa conservation et de sa reproduction.

V

Budget des Travaux. — Situation financière.

Je vais dans ce dernier chapitre étudier et exposer tous les détails financiers de l'entreprise, c'est-à-dire, les dépenses qu'elle paraît devoir entraîner, et les résultats en recettes auxquels on peut prétendre. Cette question intéresse, non plus seulement les agriculteurs du Forez, mais tous les contribuables de la Loire, puisque c'est l'argent du département qui est engagé dans cette importante affaire.

L'avant-projet soumis au Conseil supérieur des ponts et chaussées s'élevait au chiffre de 4,450,000 francs. Cette somme paraît devoir être dépassée dans une assez forte proportion, si on en juge d'après ce qui est déjà fait. Il n'y a pas lieu, d'ailleurs, de s'en étonner; car, dans les travaux de cette nature, tunnels, déblais de rochers, chaussées, étangs, il y a nécessairement beaucoup d'imprévu : les économies y sont très-difficiles, tout doit être fait avec un soin très-minutieux; car l'eau courante est un despote qui a des exigences dont on ne peut s'affranchir, si on ne veut pas s'exposer à des réparations sans cesse renaissantes.

Dans son rapport à M. le préfet Costaing, en 1867, M. Graëff estimait les dépenses comme suit :

1er lot	1,285,185 fr. 76	2,145,185 fr. 76
2e lot	450,000 »	
1re artère	350,000 »	
Divers	100,000 »	

Ces trois entreprises sont terminées et en exploitation.

A reporter . . . . . 2,145,185 fr. 76

Report . . . . . 1,145,185 fr. 76

Elles ont coûté :

1er lot	1,490,840 fr. 51	2,372,937 fr. 46
2e lot	467,751 56	
2e artère.	364,345 38	

Soit une différence en plus de . . . . 227,751 70 auxquels il faut ajouter, pour mémoire, ce qui pourra être alloué aux entrepreneurs, sur une réclamation pendante devant le Conseil de préfecture. Il est probable que le chiffre de 350,000 francs, en nombre rond, peut être considéré raisonnablement comme l'excédant de la dépense sur les prévisions.

Au reste, voici quel paraît devoir être aujourd'hui, d'après les réceptions ou les dernières études faites, le budget de construction du canal.

I. — Branche principale :

1er lot	1,490,840 fr. 51	3,808,592 fr. 07
2e lot	467,751 56	
3e lot	350,000 »	
4e lot	700,000 »	
5e lot (25 kilom.) . .	800,000 »	

II. — Artères :

L'Hôpital (exécuté) . .	360,000 »	1,160,000 »
Les autres.	800,000 »	

III.— Sous-artères, rigoles secondaires, colatures, approximativement. . . . . . 550,000 »

5,518,592 fr. 07

A quoi il faut ajouter le montant de l'indemnité à voter par le Conseil de préfecture pour les entrepreneurs du 1er lot, les imprévus qui surgissent toujours, malgré les études les mieux faites, et les améliorations apportées au cours des travaux. Ce n'est pas exagérer que d'évaluer la dépense totale à. . . . . 5,700,000 fr. »

Comment cette dépense doit-elle se répartir entre l'Etat et le département? C'est une question qui a un grave intérêt, parce que le département, tout en faisant une œuvre de dévouement agricole en acceptant la concession du canal, a parfaitement entendu être remboursé, sur les profits de l'entreprise, des avances faites pour la construction.

L'article 2 du décret du 20 mai 1863, a fixé la subvention du trésor public, au quart de la dépense prévue par le projet, soit à 1,112,500. Et il ajoute que, dans aucun cas, elle ne pourra dépasser cette somme.

La part incombant au département serait donc de 5,700,000 — 1,112,500 = 4,587,500 francs, un peu plus que l'estimation primitive de la dépense totale.

Il a été dépensé aujourd'hui :

1er et 2e lot, 1re artère	2,372,937 fr. 46	2,722,937 fr. 40
3e lot, dont les fonds sont faits et seront mandatés dans l'année. . .	350,000 »	
Sur lesquels l'Etat a fourni toute la subvention.		1,112,500 »
Différence.		1,610,437 fr. 46

Ce dernier chiffre représente les sacrifices déjà faits par le département, et auxquels il importe de trouver un rendement immédiat, en faisant de suite les sous-artères de la ligne de l'Hôpital.

Le département aura encore à dépenser 4,587,500 — 1,610,437 soit 2,977,063 francs.

C'est un gros chiffre.

Mais ne peut-on pas se demander si la subvention de 1,112,500 francs est le dernier mot de l'Etat? Dans des circonstances politiques tout autres que celles où nous nous trouvons, si nous n'avions pas à faire face aux dépenses colossales de la dernière guerre, on pourrait hardiment répondre que non, et qu'il y aurait tout lieu d'espérer un supplément de subvention. Si la lettre du décret condamne cette espérance, son esprit l'autorise complétement. C'est le quart que l'Etat a voulu donner, non pas le quart d'une somme ou d'un projet fantaisiste, mais le quart des *dépenses*. Si on avait eu les éléments pour apprécier le projet à sa valeur vraie, la formule du décret eût été la même : le chiffre seul eût été changé, et l'article 2 aurait dit : *Cette subvention s'élèvera au quart de la dépense, sans qu'elle puisse jamais dépenser la somme de* 1,425,000 francs.

J'ajoute que cette proportion du quart est une limite que l'Etat dépasse bien souvent. Ainsi, lorsqu'il s'est agi du canal d'irrigation dérivé de la rivière d'Ain dont j'ai déjà dit un mot, le ministre des travaux publics fit connaître au préfet du département, par une dépêche du 7 juin 1867, qu'il convenait d'attendre à statuer sur la subvention, jusqu'à ce qu'une demande de cette nature eût été régulièrement produite, mais de décider que, dans aucun cas, cette subvention ne pourrait dépasser le *tiers* de la dépense.

Il résulte de cette décision que l'État peut aller et va dans les travaux de cette nature jusqu'au tiers de la dépense, car cette dépêche contient à peu près un engagement formel. C'est ainsi, d'ailleurs, que le comprit le Conseil général qui, dans sa séance du 31 août suivant, remerciait le Ministre de la généreuse intervention de l'État.

Pourquoi donc n'aurait-on pas obtenu la même faveur pour le canal du Forez qui se recommande bien autrement par son importance, le nombre d'hectares qu'il peut irriguer, et surtout par les travaux considérables et hors ligne des 10 premiers kilomètres du canal d'amener ? Il est de toute certitude que, sans la guerre, le département eût obtenu un notable supplément ; et j'ajoute qu'il ne doit point désespérer de l'obtenir encore. Qu'il le demande sous la forme d'une annuité à long terme, s'il le faut ; il a des chances sérieuses de l'avoir ; car cette demande est juste. On ne peut manquer de restituer au budget de l'État les encouragements pour travaux de cette nature, qui sont appelés à être productifs pour lui par la surélévation de l'impôt. Et puis les frais de la guerre constituent une dépense extraordinaire à laquelle on pourvoit par des taxes extraordinaires. Il importe, au premier chef, que les travaux publics, surtout ceux de cette nature, loin d'être ralentis, soient encouragés plus encore que par le passé.

Nous avons dit que sur les dépenses déjà mandatées ou créditées, la part du département s'élevait à 1,610,437 fr. 46 c. Il va sans dire que nous ne garantissons que l'exactitude approximative de tous ces chiffres; mais nous croyons pouvoir assurer qu'ils ne s'éloignent pas sensiblement de la vérité. A cette dépense correspond une recette de 8,435 fr. 30 c. Il est évident que c'est très-peu de chose, relativement au capital considérable déjà engagé. Mais il faut remarquer qu'on est à la veille des grandes recettes. Les travaux dispendieux et improductifs sont terminés. On va ouvrir les sous-artères de la branche de l'Hôpital qui domine 6,000 hectares, dont 2,000 doivent être irrigués, suivant les calculs de probabilité. C'est donc une somme de 70 à 80,000 francs qui va bientôt entrer dans la caisse du département.

Il est facile d'ailleurs de se rendre compte du résultat probable de l'entreprise. On a toujours calculé que 8,000 hectares au moins seraient irrigués. Je considère ce chiffre comme la limite *minimum* des abonnements. Dans ma pensée, elle sera dépassée. Prenons-la comme base des calculs.

Sur les 8,000 hectares, 2,000 seront cotés à 35 francs l'un, ayant été inscrits dans les limites de faveur indiquées par l'article 5. Le reste payera 40 francs.

2,000 hectares à 35 francs	70,000 fr.
6,000 — à 40 francs.	240,000
	310,000

Sur le chiffre de 310,000, il faut d'abord prélever l'intérêt à 5 0/0 de la somme qui sera dépensée par le département et que nous avons vu devoir s'élever à 4,587,500, soit 229,375. Il resterait un excédant de 80,625 pour faire face à l'amortissement et aux frais d'entretien ou d'administration du Canal.

Voilà quelle serait la situation financière du département en ce qui concerne spécialement le Canal, s'il ne devait pas recevoir un supplément de subvention, et s'il n'était pas appelé à réaliser d'autres recettes.

J'ai déjà dit, en ce qui concerne la subvention, que, dans ma pensée, l'État ne peut refuser de l'élever au quart de la dépense effective. C'est logique, c'est équitable : il n'est même pas admissible qu'il cherche à s'y soustraire d'une manière absolue. De ce chef, ce serait une somme de 312,500 francs dont le budget départemental serait déchargé.

Il y a encore les chutes dont l'ensemble s'élève à 1,032,661 chevaux vapeur. Je ne pense pas qu'il y ait exagération à estimer l'unité à 300 francs. Ce serait pour toute la force motrice une somme de 309,792.

L'ensemble de ces deux valeurs dégrève le capital d'un

chiffre de 622,292 francs, et augmente par conséquent d'une somme annuelle de 31,000 francs à peu près celle de 80,625 francs destinée à l'amortissement et aux frais, et qui se trouvera portée à 111,625 francs.

Le compte des recettes devra se grossir de toutes celles que j'ai indiquées au chapitre précédent : navigation, vente d'eau aux communes, aux particuliers pour usages domestiques et irrigation de jardins, prises d'eau pour étangs et réservoirs, etc., etc. En estimant ces produits supplémentaires à 15,000 francs, je ne crois rien exagérer; je suis plutôt au-dessous des résultats probables.

On aurait donc une somme annuelle de 126,625 francs pour faire face aux frais et à l'amortissement d'un capital de 3,965,209 francs. Ce serait suffisant : car cette annuité s'augmentera toutes les années d'un prélèvement, à faire sur la somme destinée à servir les intérêts, égal aux intérêts du capital amorti.

Jusqu'ici, je n'ai parlé que des éventualités n'ayant pas à nos yeux un caractère aléatoire. Mais je vais plus loin, et je suis convaincu que le chiffre de 8,000 hectares sera dépassé : à mon sens, il s'élèvera à 10,000. Les progrès de l'agriculture ont des conséquences et des résultats qui s'enchaînent fatalement les uns aux autres. La facilité de créer des prés entraînera l'augmentation du bétail : d'où un accroissement de fumier qui entraînera l'amélioration des terres. Cette amélioration accroîtra l'importance de la ferme, importance qui se traduira par un nouvel accroissement de bétail, et la nécessité d'avoir de nouveaux prés.

2,000 hectares de plus, c'est une augmentation de recettes de 80,000 francs. C'est ici le cas d'apprécier combien il serait téméraire de limiter à 8,000 le nombre des copartageants exclusifs de l'eau du Canal, et de se priver ainsi de tout supplément de recettes, en même temps que de s'interdire d'étendre à un plus grand nombre de propriétaires ou à une plus grande surface le bienfait de l'irrigation.

J'ai dit que je considérais la quantité de 1/2 litre comme suffisante pour l'irrigation d'un hectare. Je sais bien que presque tous les canaux distribuent un volume plus considérable. Ainsi les canaux français distribuent des quantités qui varient de 2 litres à 0,50, mais dont la moyenne est de 0,944 litres. En Italie, les quantités varient entre 1,28 et 0,85, soit une moyenne de 1,16.

Mais je dois faire observer :

1° Que les canaux d'Italie sont destinés à arroser des jardins et des rizières pour lesquels il faut deux fois plus d'eau que pour les prés ;

2° Que dans les canaux du midi de la France, il en est quelques-uns dont l'eau se gaspille ; que presque tous les terrains sont très-absorbants et que l'eau pénètre à une grande profondeur, qu'il en faut, par conséquent, un volume beaucoup plus considérable pour les humecter complétement. Dans notre plaine, au contraire, à sous-sol imperméable, il en faut sensiblement moins. Mais en admettant que les expériences, dont la Société d'agriculture a pris l'initiative, démontrent que la quantité de un demi-litre est insuffisante, et qu'il faut arriver à 0^{m}66 ou même 0^{m}75, ce serait pour 10,000 hectares, une dépense quotidienne de 7^{m}50. Or, le canal est construit pour en débiter 12. Le décret donne même le droit (art. 10, § 2) d'en prendre 15. Il resterait donc de disponible une quantité de 4^{m}50, si on ne change rien aux travaux actuels, et de 7^{m}50 si on élargit le canal d'amener, ce qui serait très-pratique. Je connais des entrepreneurs qui ont fait leurs preuves, et qui se chargeraient de réaliser cette amélioration à des conditions très-économiques.

Mais, me dira-t-on, à quoi bon prendre ces 15 mètres cubes? Ce serait du luxe. Le canal domine 26,000 hectares. En convertir 10,000 en prairies, c'est déjà prévoir au delà des conditions ordinaires dont les plus favorables comportent un tiers en prairies, contre deux tiers de cultures ordinaires.

Il y a là une erreur dans laquelle on est souvent tombé lorsqu'on a parlé de notre projet, et que je trouve reproduite presque partout. Lorsqu'on veut apprécier la surface à convertir en prairies, il ne faut pas la comparer à la surface susceptible d'être irriguée par le canal, mais bien à la superficie de la plaine tout entière, au moins de la partie située sur la rive gauche de la Loire, qui est de 43,000 hectares. Pourquoi ne considérerait-on pas les 26,000 hectares irrigables, comme la grande réserve des prairies de l'agriculture forézienne? Au reste, il n'est peut-être pas un propriétaire qui n'ait autant de terrains compris en dehors du champ d'inondation du canal que dans ce champ lui-même, je le vois pour moi et pour mes voisins. Ensuite, il pourra se faire des échanges, car tous les propriétaires en amont du cours du canal et de ses artères, seront très-heureux de posséder des terrains susceptibles d'être arrosés.

Mais en dehors de cette considération qui permet d'espérer

un jour l'irrigation de 12 à 15,000 hectares dans la plaine, je vais plus loin, et je dis qu'il faut aller arroser la plaine de Sainte-Foy, Arthun, Bussy, en traversant le Lignon et la ligne de faîte sur laquelle est établie la route nationale n° 89.

J'ai exposé plus haut que le service des ponts et chaussées avait dû renoncer à étudier l'irrigation de cette partie de la plaine au moyen d'un réservoir construit dans les gorges du Lignon et destiné à emmagasiner ses eaux. L'État ayant renoncé à ce système de défense contre les inondations, l'exécution du barrage tombait à la charge de l'irrigation, et devenait une dépense trop lourde à ajouter à celles du canal et de ses artères, et point en proportion avec les recettes. Mais je ne pense pas que pour cela il faille renoncer à arroser cette partie du canton de Boën, qui se trouve à un niveau inférieur de la plaine de la rive droite du Lignon, sauf bien entendu, la ligne de faîte qui suit le cours de cette rivière, mais qui n'est pas très-large et se déprime sensiblement dès qu'on a passé la route 89. Ainsi, pour ne citer que des points connus, et quelques-uns relativement élevés : le château de la Salle est à la cote 362, celui de Beauvoir à la cote 371, la Grille, 352, Saint-Sulpice 348.

Or, le canal, à sa dernière chute, au pied du mont d'Uzore, est à la côte 384, et il n'est plus là qu'à 4 kilomètres du Lignon, dans un des biefs duquel il se jette à la cote 370.

Il serait très-facile de relever le lit du canal à ce point-là (Meximieux), par des déblais amenés de la coupure à faire sur la ligne de faîte qui serait ainsi traversée en tranchée, ou en tunnel sur un point qui paraîtrait devoir être fixé entre la Bouteresse et Boën : sur le Lignon, il faudrait un pont comme sur la mare. Cet ensemble de travaux serait peut-être assez coûteux, mais ce serait la seule dépense à faire pour assurer l'irrigation de 5,000 hectares de terrains dans cette partie de la plaine comprise entre l'Aix et le Lignon.

Il résulte d'un petit avant-projet que j'ai sous les yeux, que la tranchée au point le plus élevé et la route 89 aurait 17m46 de hauteur, et qu'en sortant du contrefort sur lequel est établie la route, le canal devrait être relevé en chaussée sur une longueur de 1,500 mètres pour arriver à la côte 381 entre Boën et Arthun.

On pourra peut-être objecter le manque d'eau à certaines époques, et demander comment on peut songer à irriguer d'autres surfaces, lorsqu'on a à peine de quoi arroser 8,000 hectares entre la Loire et le Lignon.

L'objection serait sérieuse si la pénurie était permanente.

Mais il faut observer qu'elle ne se produit que tous les dix ans, et encore dans les mois de l'été. Dans ces circonstances exceptionnelles, on pourra manquer d'eau pour les regains, mais on en aura toujours pour les époques où elle est le plus nécessaire, c'est-à-dire, dans les mois d'avril et de mai. Les propriétaires seraient, d'ailleurs, garantis par des traités où tout cela serait prévu, et où le prix de l'abonnement serait fixé en conséquence.

On doit comprendre pourquoi je soutenais, dans le chapitre précédent, qu'il ne fallait donner que l'eau nécessaire. Cette perspective d'irriguer les communes d'au delà le Lignon m'a toujours séduit. Et je crois que c'est ouvrir à l'agriculture et au Canal un véritable avenir de prospérité.

Au reste, il faut aviser à sortir de cette limite étroite de 8,000 hectares, dans laquelle on a voulu circonscrire l'œuvre de l'irrigation. Ce serait un monopole dangereux, et qui, à un moment donné, frapperait de stérilité les spéculations agricoles. Ce serait, en outre, porter un grave préjudice aux intérêts du département qui ne risque rien, je le veux bien et je l'ai prouvé, il y a un instant; mais qui, pour ne rien risquer, a besoin de l'accord des circonstances les plus favorables. Il faut que l'imprévu n'entre dans ses combinaisons financières que pour les améliorer : il n'y a pas la moindre marge pour le chapitre des profits et pertes.

La thèse que je défends ici, a déjà été soutenue dans une séance extraordinaire de la Société d'agriculture de Montbrison, tenue le 21 mai 1870, et à laquelle assistait M. l'ingénieur en chef Lagrange, par M. Reymond, contre ceux qui voulaient maintenir la lettre des premiers engagements et donner à chaque hectare $\frac{1}{8,000}$ de la propriété des eaux du canal. En dehors des inconvénients que je viens de signaler, il prévoyait l'objection qui pourrait être faite au point de vue des finances du département, dont les intérêts ne seraient pas suffisamment sauvegardés par le chiffre restreint de 8,000 hectares; ce qui permettrait aux ennemis du canal de demander une suspension de travaux et des expériences préalables; de là, une perte de temps regrettable et un ajournement avec tous ses dangers.

A coup sûr les dispositions du Conseil général sont bienveillantes; mais elles ne sont pas affranchies de certaines appréhensions, de craintes et de susceptibilités que cherchent à entretenir ceux de ses membres qui ne voient dans l'œuvre du Canal qu'un privilége excessif au profit d'un arrondissement au détriment des deux autres. Il ne faut donc rien négliger pour mettre parfaitement à l'aise la conscience de ceux qui ne demandent pas mieux que d'achever ce qui a été si bien commencé par leurs prédécesseurs. Et pour cela, il faut, par toutes les combinaisons possibles, créer au département les chances les plus favorables. Je déclare même que, si j'avais l'honneur de faire partie de l'Assemblée départementale, je la prierais d'inviter M. l'ingénieur en chef à faire des études pour savoir s'il ne serait pas possible de pratiquer un barrage en amont de la prise d'eau du canal, dans des conditions économiques, de façon à emmagasiner l'eau de la Loire et d'assurer un débit minimum de cinq mètres au moins dans les plus fortes chaleurs.

Le moment est venu, d'ailleurs, où le Conseil général va en délibérer de nouveau. Les crédits votés sont épuisés, et il importe d'autoriser un nouvel emprunt. Heureusement que les finances sont dans un excellent état, et que le département va bientôt ne plus être chargé que de 7 centimes additionnels.

Dans son rapport du 26 août 1860 et dans celui du 2 août 1861, M. Graëff disait que le moyen *le plus pratique d'arriver à commencer et à exécuter une œuvre qui regénérerait aussi complétement la propriété, ce serait de former une compagnie avec une subvention de l'Etat et du département.*

Aucune compagnie ne s'est présentée, et le Conseil général a eu le patriotisme de demander une concession directe. Ç'à été pour le pays un grand avantage; mais il ne faut pas se dissimuler que bien des inconvénients en sont la conséquence. Je dis encore, avec M. Graeff, que si l'on trouvait une compagnie qui voulut traiter avec le département, ce serait la meilleure des solutions. Une compagnie seule peut donner à l'œuvre toute son extension, en tirer tout le parti possible, rechercher et exécuter les améliorations nécessaires que j'ai signalées. En mettant toute leur intelligence au succès financier de l'entreprise, les directeurs travailleraient pour le pays lui-même. N'ayant pas d'autre préoccupation que la prospérité du canal, ils comprendraient bien vite que cette prospérité est liée à celle de l'agriculture; et alors on aurait une force considérable au service du progrès agricole dans notre plaine. MM. les ingénieurs n'auraient plus que le contrôle d'une œuvre qui vient compliquer, outre mesure, leurs occupations habituelles ; et le Conseil général serait affranchi, moyennant un sacrifice déterminé et qui ne pourrait être bien considérable, de tout souci et d'une responsabilité qui paraît avoir pesé lourdement à quelques-uns de ses membres.

De cette façon aucun intérêt ne serait compromis. Au bout des quatre-vingt-dix-neuf ans, l'Etat deviendrait propriétaire du canal et donnerait l'eau aux cultivateurs, suivant des tarifs réduits au taux nécessaire pour les frais d'entretien et d'administration. (article 6 du décret).

Quant au département, il n'aurait plus de chances de perte, et en subventionnant l'entreprise, comme il subventionne toute œuvre d'intérêt général, il aurait toute sécurité pour l'avouer. — Et même pour conserver quelque chose dans les chances de gain qu'il peut réaliser, il stipulerait avec la Compagnie un partage au delà d'un chiffre de recettes prévu d'avance, sur tout bénéfice, par exemple, qui dépasserait 8 ou 9 0/0 du capital engagé.

Cette combinaison me paraît celle qui conviendrait le mieux à tout le monde. A l'œuvre du canal d'abord ; car une Compagnie, ayant intérêt à faire fructifier promptement ses capitaux, mettrait toute son activité, à terminer les travaux dans le plus bref délai. En plaçant des chantiers sur plusieurs points à la fois, il est certain que, dans trois campagnes au plus, tout serait terminé.

Avec une compagnie, les cultivateurs auraient toujours quelqu'un à leur disposition, des bureaux toujours ouverts pour leurs réclamations, des agents toujours prêts à se transporter sur les lieux. On trouve certainement, aujourd'hui surtout (nous devons cet hommage particulier à M. Girardon), la plus grande complaisance auprès de MM. les ingénieurs et de leurs employés. Mais ils n'ont pas qu'à s'occuper du canal, et ils ne peuvent y apporter tous les soins et toute l'attention qu'y apporteraient des entrepreneurs intéressés. La besogne des ponts et chaussées, c'est le contrôle. Il ne faut pas, autant que possible, qu'ils soient les patrons d'une œuvre qui a un véritable caractère commercial et industriel.

Une compagnie seule peut aller révéler aux industriels les chutes dont dispose le canal, en opérer une vente ou une location fructueuse, proposer aux communes de leur faire des fontaines, des lavoirs et des abreuvoirs, organiser un service de navigation, etc., etc., etc.

Seule, une compagnie, peut-être, serait assez hardie pour aller chercher la plaine de Sainte-Foy et la lier à celle de Montbrison, par le canal prolongé au delà du Lignon. Je crois, en un mot, que l'avenir du Canal sera plus brillant dans les mains d'une compagnie que par le maintien du *statu quo*, qui complique outre mesure l'administration départementale et préoccupe le Conseil général.

Ici se termine la tâche que je m'étais donnée. Si, après avoir lu ce travail, chacun peut se rendre compte de cette immense et patriotique entreprise du canal du Forez, apprécier l'influence qu'il peut exercer sur le progrès agricole, comprendre les améliorations qu'il entraîne à sa suite, entrevoir la transformation que va subir notre plaine, s'intéresser ardemment à son succès et devenir un de ses apôtres, rechercher les moyens de le rendre populaire en le mettant à la portée la plus facile et la plus simple de la grande et de la petite culture ; si tous les hommes de cœur de notre département, les représentants de nos populations et les dépositaires de l'autorité publique, trouvent dans ces pages quelque motif de s'appliquer plus encore au succès de cette œuvre, et de rechercher les moyens les plus économiques et les plus pratiques pour la mener à bien dans les délais les plus courts, mon but est atteint, et je m'estimerai heureux d'avoir apporté un concours, si modeste soit-il, à cet instrument colossal de richesse et de progrès.

ANNEXE

Décret qui autorise l'établissement du Canal du Forez.

TITRE PREMIER.

DE LA CONCESSION ET DU MODE D'EXPLOITATION DU CANAL.

Art. 1er. — L'établissement d'un canal destiné à arroser, au moyen des eaux de la Loire, la partie de la plaine du Forez située sur la rive gauche du fleuve, entre sa sortie des gorges de Saint-Victor et le Lignon, est concédé à perpétuité au département de la Loire, qui le fera exécuter et l'entretiendra à ses frais, risques et périls. Ce canal portera le nom de *canal du Forez.*

Art. 2. — Le département recevra pour l'établissement du canal une subvention du trésor payable aux époques fixées par arrêtés de notre ministre de l'agriculture, du commerce et des travaux publics. Cette subvention s'élèvera au quart des dépenses, sans qu'elle puisse en aucun cas dépasser la somme de 1,112,500 francs.

Elle sera imputable sur la 6e section du budget du ministère des travaux publics (travaux extraordinaires).

Art. 3. — L'entreprise du canal avec toutes ses artères est déclarée d'utilité publique. En conséquence le département de la Loire est substitué aux droits et obligations que la loi du 3 mai 1841 confère à l'administration pour l'exécution des travaux publics.

Il jouira aussi pour la construction et l'entretien du canal et de toutes ses dépendances, en ce qui concerne l'extraction, le transport et le dépôt des terres et matériaux, des priviléges ou droits créés par les lois et règlements en faveur des travaux publics exécutés par l'Etat.

Art. 4 — Le département construira et entretiendra à ses frais le canal principal et toutes ses artères nécessaires pour conduire l'eau à la limite de chaque propriété arrosable. Les frais de construction, d'entretien de chaque prise d'eau spéciale, l'établissement des rigoles de distribution et de colature sur les terrains arrosés et leur entretien resteront à la charge des arrosants.

Art. 5. — Le département est autorisé à concéder les eaux du canal. Il percevra une taxe annuelle de 35 francs par hectare arrosable ; moyennant ce prix, il délivrera à chaque souscripteur une quantité d'eau équivalente à un débit continu d'un demi-litre par hectare et par seconde.

L'unité d'arrosage est l'hectare ; elle peut être fractionnée.

La durée des concessions est déterminée par le conseil général.

La taxe de 35 francs par hectare et par an sera portée à 40 francs par hectare et par an pour tous les souscripteurs qui n'auront pas souscrit dans un délai d'un an, après la promulgation du décret de concession.

En cas de diminution dans le prix de l'arrosage, la même proportion de prix existera toujours entre les deux catégories de souscripteurs, et il sera fait un avantage de 1/8 aux fondateurs sur le prix de la taxe.

Les premiers souscripteurs qui voudront par la suite augmenter l'étendue de leurs arrosages, seront soumis, pour toute l'étendue de terrain dépassant celle de leur souscription primitive, aux mêmes conditions que les souscripteurs de la deuxième catégorie, c'est-à-dire de ceux qui ne seraient pas compris parmi les fondateurs.

Dans les temps de bas étiage de la Loire où le canal ne permettrait pas de distribuer aux arrosants tout le volume déterminé ci-dessus, il serait fait entre eux une réduction proportionnelle, sans que pour cela le montant de la redevance en fût diminué.

Dans le cas où des terrains ne pourraient être arrosés par suite de leur élévation au-dessus des fonds environnants, l'engagement des propriétaires souscripteurs sera regardé comme nul et non avenu.

Art. 6. — La redevance annuelle commencera à courir dès la première année où les eaux auront été introduites utilement dans le canal ou ses artères et amenées à la limite de la propriété de l'arrosant.

Elle sera exigible (*Loi de finances du 23 juin 1857, art.* 25) par douzièmes et par mois, comme les contributions publiques, d'après les rôles approuvés par le préfet. Les frais de rédaction et de perception de ces rôles seront à la charge du département. Les produits de la taxe seront versés à la recette générale du département de la Loire et portés en recettes à la 2e section du budget du département. Il en sera fait emploi d'après les règles ordinaires de la comptabilité départementale, pour le service de l'amortissement de l'emprunt spécial à contracter pour assurer l'exécution du canal, et, s'il y a lieu, pour d'autres travaux qui auraient été approuvés par l'administration supérieure.

A l'expiration de la période de quatre-vingt-dix-neuf ans, les tarifs seront révisés par le gouvernement et réduits aux taux nécessaire pour satisfaire aux frais d'entretien et d'administration.

Art. 7. — Pendant cinq années consécutives, dont la première sera celle où l'eau aura été mise à sa disposition, chaque arrosant aura la faculté de ne soumettre à l'arrosage d'année en année que le cinquième de la superficie pour laquelle il aura souscrit, et la redevance ne sera comptée, chaque année, qu'en raison des surfaces arrosées jusqu'à la cinquième année où la taxe sera appliquée à toute la surface souscrite

Art. 8. — Chaque propriétaire jouira de l'eau à son gré et pour l'usage qui lui conviendra, en se conformant aux lois et règlements sur la matière; il pourra l'appliquer à l'arrosage d'une superficie plus grande que celle pour laquelle il l'a prise, et ne payera que la quantité d'eau résultant du nombre d'hectares qu'il aura souscrits, mais il ne pourra en aucun cas céder les eaux à d'autres propriétaires.

Il pourra d'ailleurs employer les excédants d'eau à faire marcher des moteurs hydrauliques, à la condition de rendre les eaux au canal après s'en être servi.

Les propriétaires qui arroseront sur une même artère ou sous-artère, seront tenus de se constituer en syndicats pour l'établissement et l'entretien des rigoles de distribution et de colature sur leurs propriétés et pour le mode d'arrosage. Ces sydicats seront constitués par des règlements d'administration publique.

Art. 9. — Le département pourra concéder les chutes d'eau qui pourraient être créées sur le canal ou ses artères et à condition de rendre les eaux immédiatement à l'aval des usines qui s'établiraient sur ces canaux.

Le prix de ces concessions sera fixé, dans chaque cas particulier, en raison de la valeur des forces motrices créées par les chutes.

TITRE II.

RÉGIME DU CANAL.

Art. 10. — La prise d'eau destinée à alimenter le canal au moyen des eaux de la Loire, sera établie près du moulin Joannade.

Le volume d'eau à dériver est fixé à 5 mètres cubes par seconde en temps d'étiage et lorsque la Loire débitera 6 mètres cubes. Quand son débit s'élèvera au-dessus de 6 mètres cubes, celui du canal pourra s'élever progressivement jusqu'à 15 mètres cubes par seconde, laissant à la Loire 1/6 de la quantité d'eau qu'elle débitera, conditions qui seront assurées par les dispositions indiquées ci-après.

Art. 11. — Le barrage de prise d'eau dans la Loire sera dérasé à 2 mètres en contre-haut du plafond du canal à la prise d'eau; ce barrage contiendra, au point où il rencontre le canal, un déversoir à poutrelles de 5m 80 d'ouverture, dont le seuil sera placé au niveau du plafond du canal, et dont la hauteur sera de 2m 50.

Art. 12. — Il sera établi en tête du canal une martellerie à deux ouvertures de 4 mètres de largeur chacune, et dont les seuils seront placés au niveau du plafond du canal et du seuil du déversoir indiqué à l'article précédent. Cette martellerie sera faite en bonne maçonnerie hydraulique et munie de poutrelles pouvant glisser dans des rainures en pierre de taille.

Art. 13. — Le déversoir indiqué à l'article 11 ne sera ouvert que lorsqu'on fermera la martellerie indiquée à l'article 12, pour empêcher les eaux d'arriver au canal lorsqu'on le mettra à sec.

Art. 14. — Les eaux dérivées de la Loire seront partagées en temps ordinaire au moyen d'un partiteur, de manière que les 5/6 restent au canal et que le 1/6 soit restitué au lit de la Loire à 1,800 mètres en aval de la prise d'eau. Pour assurer cette proportion entre les deux débits, le pertuis du partiteur, destiné à l'alimentation du canal, aura 4m 83, et celui qui doit restituer l'eau à la Loire, 0m 97 de largeur.

Art. 15. — Pour mettre le canal à l'abri des grandes crues de la Loire, la tête d'amont du souterrain du Châtelet sera munie de portes busquées qui seront fermées chaque fois que les eaux atteindront 2m 50 à l'échelle qui sera placée dans la tranchée d'amont du souterrain, et elles ne pourront être ouvertes que lorsque le niveau baissera au-dessous de cette cote.

Pour ne pas interrompre l'alimentation du canal pendant que les portes d'entrée du souterrain du Châtelet seront fermées, il sera établi dans ses portes des vantelles qui permettront d'assurer le service.

Art. 16. — Les eaux du canal et de ses artères seront, aux extrémités de ces canaux, jetées dans les affluents de la Loire les plus voisins.

Art. 17. — Le département sera tenu de rétablir et d'assurer à ses frais le libre écoulement de toutes les eaux naturelles ou artificielles dont le cours serait détourné ou modifié par les travaux. Il sera tenu également d'assurer l'écoulement des eaux qui, après avoir servi à l'arrosage, pourrait séjourner dans les parties basses du territoire.

Art. 18. — Le département devra construire et entretenir à ses frais des ponts dans les endroits où, par suite de ses travaux, les communications existantes se trouveraient interceptées. Les ponts à établir sur les routes départementales auront une largeur, entre parapets, de 7 mètres. La largeur entre les parapets sera réduite à 6 mètres pour les chemins vicinaux de grande communication; à 5 mètres pour les chemins collectifs; à 4 mètres pour les chemins vicinaux ordinaires, et à 3 mètres pour les chemins ruraux ou d'exploitation. Tous ces ponts seront exécutés en maçonnerie hydraulique, et s'il y a lieu d'adopter des ponts à travées, celles-ci seront en charpente, en tôle ou en fonte.

Art. 19. — Les aqueducs, les ponts, canaux, barrages, déversoirs et prises d'eau du canal seront en maçonnerie hydraulique, en tôle ou en fonte, excepté les vannes qui pourront être exécutées en bois.

TITRE III.

CONDITIONS GÉNÉRALES.

Art. 20. — Les réclamations relatives à la confection des rôles, pour le recouvrement de la taxe d'arrosage, ainsi que les contestations relatives à l'exécution des travaux, seront portées devant le Conseil de préfecture, conformément aux dispositions des lois des 28 pluviôse an VIII et 14 floréal an XI, sauf recours au conseil d'État.

Art. 21. — Le département est responsable des dommages qui pourront résulter de la construction des travaux.

Art. 22. — Le préfet prendra les arrêtés pour prescrire les mesures de police qu'il jugera utiles à la conservation des ouvrages. Il pourra nommer des gardes d'eau ou arroseurs publics, les remplacer au besoin et fixer leur salaire.

Jamais les particuliers ne prendront par eux-mêmes l'eau dans les canaux d'arrosage de leurs propriétés.

Le préfet, si l'intérêt général l'exige, est chargé d'arrêter, après avoir consulté les ingénieurs, les règlements particuliers portant fixation des heures d'arrosage et de distribution entre les intéressés.

Art. 23. — Les délits ou contraventions seront constatés par des procès-verbaux dressés par les conducteurs des ponts et chaussées ou par tous autres agents de police, et seront déférés aux tribunaux compétents.

Art. 24. — Les travaux du canal du Forez sont assimilés aux travaux de routes départementales tant pour les indemnités proportionnelles des ingénieurs des ponts et chaussées qui les dirigeront, que pour les limites de dépense entre lesquelles les projets partiels pourraient être approuvés par le préfet.

Un projet complet du canal et de ses artères principales sera soumis à l'administration supérieure dans le délai de six mois après la promulgation du présent décret.

Art. 25. — La prise d'eau pourra être fermée en partie ou même entièrement, sur l'ordre du préfet, toutes les fois que cette mesure sera reconnue nécessaire, soit dans l'intérêt de la navigation, soit pour tout autre motif d'intérêt public, soit pour laisser dans la rivière le volume d'eau que l'on jugera nécessaire d'y maintenir dans les étiages exceptionnels où son débit descendrait au-dessous de 6 mètres cubes par seconde à la prise d'eau.

Si ces dispositions devaient avoir pour effet de modifier d'une manière définitive les conditions du présent décret, elles ne pourraient être prises qu'après l'accomplissement de formalités semblables à celles qui ont précédé ledit décret.

Dans aucun cas le département n'aurait droit à aucune indemnité.

Art. 26. — Dans le cas où, par suite de circonstances imprévues, les travaux seraient abandonnés par le département, l'administration supérieure se réserve de prendre pour leur achèvement les mesures que ces circonstances exigeront, et notamment de les concéder, s'il y a lieu, à une compagnie ou à des syndicats, entreprises dont les conditions seraient réglées par décrets.

Art. 27. — Notre ministre secrétaire d'État au département de l'agriculture, du commerce et des travaux publics est chargé de l'exécution du présent décret.

Fait au palais des Tuileries, le 20 mai 1863.

Paris-Imp. PAUL DUPONT, 41 rue Jean-Jacques-Rousseau 3165.8.2

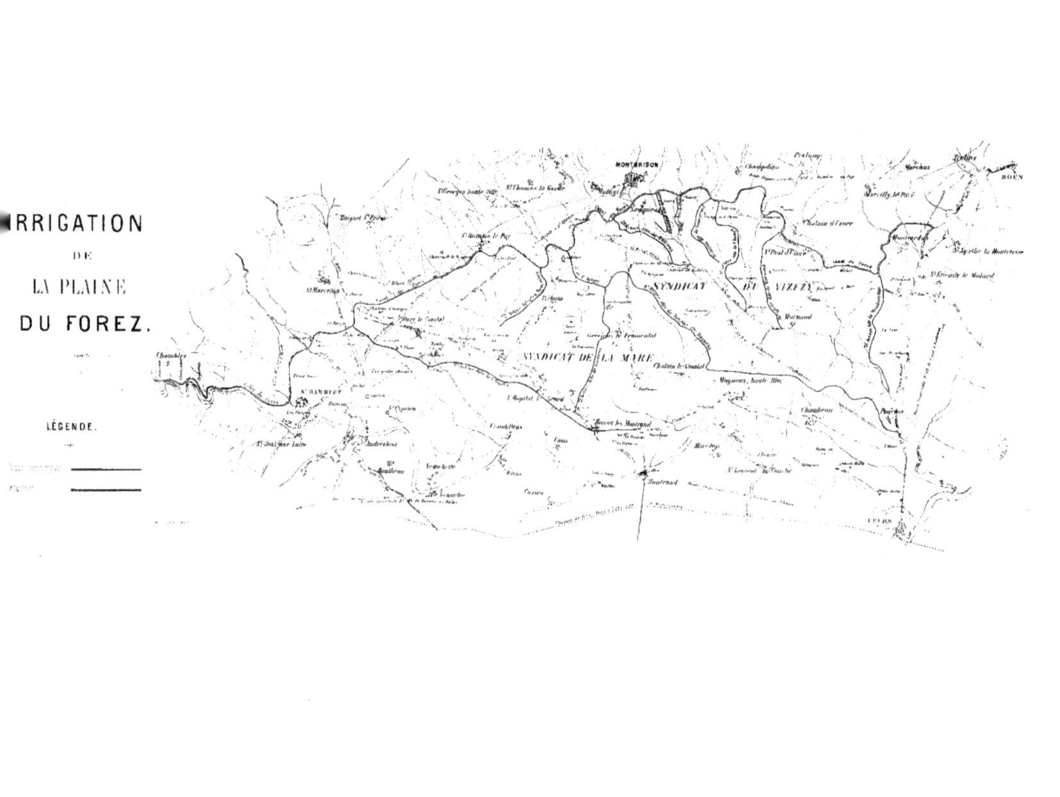

IRRIGATION
DE
LA PLAINE
DU FOREZ.
LÉGENDE.
MONTBRISON
SYNDICAT DU VIZEZY
SYNDICAT DE LA MARE
BOEN

PARIS, IMPRIMERIE ADMINISTRATIVE DE PAUL DUPONT
41, RUE JEAN-JACQUES-ROUSSEAU, 41.

www.ingramcontent.com/pod-product-compliance
Ingram Content Group UK Ltd.
Pitfield, Milton Keynes, MK11 3LW, UK
UKHW020952180726
13838UKWH00003B/1285